LEITURAS AVENTUREIRAS

LEITURAS AVENTUREIRAS

Por um pouco de prazer (de leitura)
aos professores

Ezequiel Theodoro da Silva

© ALB – Associação de Leitura do Brasil, 2007

1ª Edição, Global Editora, São Paulo 2008
1ª Reimpressão, 2010

Diretor-Editorial
Jefferson L. Alves

Gerente de Produção
Flávio Samuel

Coordenadora-Editorial
Rita de Cássia Sam

Revisão
Luicy Caetano / Anabel Ly Maduar

Foto de Capa
http://www.clipart.com

Projeto de Capa
Eduardo Okuno

Editoração Eletrônica
Neili Dal Rovere

Dados Internacionais de Catalogação na Publicação (CIP)
(Câmara Brasileira do Livro, SP, Brasil)

Silva, Ezequiel Theodoro da.
  Leituras aventureiras : por um pouco de prazer (de leitura) aos professores / Ezequiel Theodoro da Silva. – São Paulo : Global, 2008. – (Coleção Leitura e Formação).

ISBN 978-85-260-1274-5

1. Pedagogia. 2. Pesca esportiva. 3. Prazer. 4. Professores – Condições sociais. 5. Professores – Psicologia. 6. Professores – Satisfação no trabalho. I. Título. II. Série.

08-01490   CDD-371.1001

Índices para catálogo sistemático:

1. Professores e pesca : Descanso e laser : Pedagogia : Educação   371.1001

Direitos Reservados

**GLOBAL EDITORA E
DISTRIBUIDORA LTDA.**

Rua Pirapitingui, 111 – Liberdade
CEP 01508-020 – São Paulo – SP
Tel.: (11) 3277-7999 – Fax: (11) 3277-8141
e-mail: global@globaleditora.com.br
www.globaleditora.com.br

Obra atualizada conforme o
Novo Acordo Ortográfico da Língua Portuguesa

Colabore com a produção científica e cultural.
Proibida a reprodução total ou parcial desta obra sem a autorização do editor.

Nº de Catálogo: **2974**

*A maior atração da pesca talvez seja a de exigir
raciocínio, perspicácia, tolerância e competência
do pescador, mas nunca lhe impondo penalidades
ou castigos em caso de fracasso.*

*Dedico esta obra a todos os professores brasileiros,
quase sempre explorados pelo poder
e esquecidos pela sociedade.*

Ezequiel Theodoro da Silva

CASAMENTO

Há mulheres que dizem:
Meu marido, se quiser pescar, pesque,
mas que limpe os peixes.
Eu não. A qualquer hora da noite me levanto,
ajudo a escamar, abrir, retalhar e salgar.
É tão bom, só a gente sozinhos na cozinha,
de vez em quando os cotovelos se esbarram,
ele fala coisas como "este foi difícil"
"prateou no ar dando rabanadas"
e faz o gesto com a mão.
O silêncio de quando nos vimos a primeira vez a
atravessa a cozinha como um rio profundo.
Por fim, os peixes na travessa,
vamos dormir.
Coisas prateadas pipocam:
somos noivo e noiva.

Adélia Prado, *Poesia reunida*, p. 252.

SER MULHER DE PESCADOR...
UM PONTO DE VISTA

Eu sou esposa de um pescador ou pelo menos parece, depois de estar casada por mais de vinte anos com um idiota da pesca. Eu me casei com um pescador, criei dois filhos (também pescadores) e proclamo conhecer mais coisas sobre os pescadores do que um salmão, o que é saber muito mesmo, porque os peixes são mais inteligentes do que alguns estudantes que existem hoje em dia. Eu compartilhei a vida com um pescador e, portanto, conheço os extremos do triunfo irracional ou do pior desespero.

No altar, eu pouco sabia que estava ficando amarrada aos juramentos do amor, da honra e envolvida com três motores de popa, tipos de rio, movimentos das marés, astúcias dos peixes e do meu próprio marido Bill, o homem da minha escolha. Ninguém me disse que eu teria que criar dois bebês com escamas de peixes nos seus cachos de cabelos ou que deveria aprender a trocar uma fralda com uma só mão enquanto a outra segurava o cabo de uma vara de pescar. Eu tinha que aprender, senão...

Antes do término da nossa lua de mel, enfrentei a seguinte decisão: eu posso ser a viúva de um pescador ou preciso ser a esposa de um pescador. Se meu marido, sem a minha companhia, pescasse salmão por toda a região nordeste do Pacífico, eu seria uma mulher triste, introspectiva, do tipo fica-em-casa [...], sempre esperando pacientemente o retorno do esposo para o lar. Dessa forma, depois de fazer uma longa oração ao santo maior, Izaak Walton,* optei por ser a esposa de um pescador, a companheira do meu marido em todas as suas viagens. Esse é um papel que não pode ser assumido superficialmente porque exige o requinte de uma dama, o coração de um leão e a obediência de um burro.

Beatrice Cook, *A worm's-eye view of fishermen*, p. 77.

---

* Considerado o pai da pesca esportiva (NA).

SUMÁRIO

Apresentação 15

Capítulo 1: Aproximação das Duas Esferas: Pesca e Educação

  1. Peixes: simbologia na história 21
  2. Tipos de pescadores 23
  3. Professor, infelizmente ainda sem pescar e sem prosperar ... 23
  4. Tipos de professores 25
  5. Síntese: Não dê o peixe: ensine a pescar 28
      Espaço de Arejamento 1: Rir, rir, rir 30

Capítulo 2: Criticidade no Ensinar e no Pescar

  1. Como pescar dourados: uma teoria... 41
  2. O professor e a vivência das virtudes 42
  3. Pescar é integrar-se à natureza 44
  4. Ser professor no Brasil: um tremendo desafio 45
  5. Síntese: Águas e escolas bombardeadas: pobres peixes, pobres alunos 46

Espaço de Arejamento 2: Curiosidades e risadas ou muito choro 43

Capítulo 3: Por Dentro da Pesca Esportiva:
  para o professor aprender a pescar (enquanto é tempo)
  1. Comunhão com a natureza 55
  2. Pesca esportiva: beleza e liberdade 56
  3. Pesca esportiva: a aprendizagem é importante, sim 57
  4. Todo pescador é um artista 58
  5. A estética de pescar 59
  6. Da necessidade de tolerância em pesca 60
     Espaço de Arejamento 3: Causos de pescador: 68

Capítulo 4: Resistir e Ser Professor(a) Ainda, Apesar dos Pesares
  1. Residir na memória do aluno (sentir-se lembrado) 69
  2. O analfabeto da 8ª série (sentir-se necessário) 70
  3. Salão de beleza (sentir-se bonita) 72
  4. Cova bem funda no cemitério (sentir-se vivo) 75
  5. Conversa entre o pescador e o professor (sentir-se gente)... 76
     Espaço de Arejamento 4: Causos de professor:
     continuando a rir, rir, rir 77

Capítulo 5: Aventuras de Pesca
  1. Juntando as memórias do Jamari 81
  2. São Simão: possibilidades múltiplas para pescar
  2. Rio Unini, repleto de peixes por todos os lados 89
  3. Os açus monstros do Iapará 93
  4. Nas águas de Havana: pesca de La Rapala 97

Capítulo 6: Desventuras de um Professor-Pescador
  (arremedo de folhetim)

1. Pescaria = aula planejada. E como! 101
2. Parada obrigatória 102
3. Barraca psicodélica 103
4. Fora do horário não! 105
5. Muito barulho, favor calar! 106
6. Aqui ninguém bebe cerveja... 108
7. Lavando a minhoca 109
8. Piloteiro não pesca, navega 110
9. Tem muito espinho 111
10. Antitetânica 112
11. Revisão do motor 113
12. Preparação para dormir 114

Referências bibliográficas 117
Biografia do autor 119

APRESENTAÇÃO

Falar em prazer no âmbito do magistério é quase uma temeridade: os professores brasileiros vêm sendo, há um bom tempo, fustigados pelos governos e vilipendiados por muitos segmentos da sociedade. A situação das escolas não é das mais confortáveis. As condições para a realização de um ensino de qualidade vão de mal a pior. A vida dos mestres se definha cada vez mais, na mesma proporção que crescem as promessas de dignificação do magistério em períodos eleitorais. Uma lástima. Uma tristeza. Uma atmosfera brochante, extremamente desanimadora.

Tal qual o José do inesquecível poema de Drummond, não sabendo muito bem para onde marcha e ruma, o professor sofre, grita quando pode, senta numa psicoterapia quando tem, chora ao ver que o cheque especial acaba no dia 20 do mês, fica doente, fica estressado, tenta ainda sonhar com um amanhã melhor e... de manhã, como regularmente o faz, está defronte à classe para fazer a chamada e executar a sagrada tarefa diária da aula. Se possível, sorridente, pois a escola deve ser sã, sadia, salubre e saudável. Eis a contradição da existência do docente hoje em dia: fingir dignidade por fora, carregando um inferno psicológico por dentro.

Das minhas viagens pelo Brasil para palestras e cursos, surgem algumas ingratas constatações a respeito do tipo de existência dos professores brasileiros. Muitos foram engolidos pela apatia e desesperança. Muitos assumem a agressividade como forma de responder às demandas de conversa e diálogo.

Muitos perderam o entusiasmo pelo estudo. Muitos entraram para o time da maledicência e do fuxico nas escolas onde trabalham. Muitos são assexuados por força das desgraças da profissão. Muitos se esqueceram de si: não apresentam nenhum tipo de amor-próprio, vaidade e/ou desejo de conquistar uma outra ordem para o desenvolvimento de sua vocação e para as transformações sociais ao alcance da sua ação pedagógica.

Poucos (ainda bem!) compreendem e buscam compreender cada vez mais os condicionantes da sua vida profissional. Por isso mesmo, por saberem as razões primeiras do descaso dos governos para com a escola e o ensino, não se entregaram à frustração nem permitiram que as constantes opressões mitigassem a sua vontade de viver. Ou seja: jamais se esqueceram de si mesmos, do cuidado consigo, da vida que tem de ser intensamente vivida, do amor às pessoas da sua comunidade, do conhecimento a ser continuamente aprimorado e das paixões a serem sentidas já, neste momento, agora, sob o risco de nunca ganharem corpo numa vida a dois. Ou seja: aqueles poucos que não assumem nem querem para a si a solidão como forma de ser neste mundo.

Pesco desde a minha infância. Inicialmente, aprendi um pouco dos mistérios da pesca com meu pai e meus irmãos. As curvas do Rio Pardo, que banha a cidade de Santa Cruz do Rio Pardo (SP), foram os meus primeiros cenários de diálogo com os pequenos peixes da região: carás, lambaris, tambiús, bagres, mandis, cascudos, mariquinhas, serrotes, espadas e piavas. Um aprendizado que aos poucos e ao longo do tempo se tornou paixão encarnada em mim, transformando-se em lazer predileto e frequentemente levando-me ao encontro dos peixes em diversas regiões pesqueiras do Brasil e do exterior. E mais: uma experiência tão apaixonante, tão vibrante que, depois da minha aposentaria na Unicamp no ano 2000, me fez debruçar sobre ela para efeito de pesquisa e de expressão escrita. Daí vários livros sobre pesca esportiva, a coordenação de uma coleção de obras sobre o assunto e um megassite na Internet – o www.pescarte.com.br –, com mais de quatro mil páginas sobre o maravilhoso universo da pesca, das águas e dos peixes.

O que, exatamente, pretendo eu com essa aproximação entre pesca e educação resultando em leituras aventureiras? Repetir o velho mote "Tá nervoso vai pescar?" Ou então aumentar o número de pescadores do Brasil por meio da motivação e do envolvimento dos professores? Se isso vier a acontecer com a leitura desta obra, vou achar ótimo, porém não é bem esse o meu objetivo. Minhas pretensões maiores estão diretamente relacionadas a uma reflexão crítica sobre as possibilidades de existência que se abrem aos professores na atualidade, com forte ênfase nas dimensões de sua saúde (física e mental) e, por decorrência, a uma visada sincera sobre seus momentos de descanso e de lazer. Além disso, por meio de textos humorísticos, como o são os causos de pescadores ou as piadas escolares, combater, mesmo que por breve momento, as tristezas da profissão docente.

De forma nenhuma desejo, com este livro, redundar no "rir para não chorar". Ainda que esse clássico ditado popular se ajuste muito bem vida atual dos professores brasileiros, não quero seguir por essa estrada. Quero, sim, mostrar que nós, educadores, temos direito ao riso, ao prazer e à alegria no trabalho e fora dele, não deixando que nossa gangorra existencial penda unicamente para o lado da sisudez forçada ou do desprazer contínuo ou de uma tristeza permanente. Somos gente e, como gente, precisamos da renovação diária das nossas energias humanas, tal qual a revitalização que a sala de aula e os estudantes nos exigem a cada dia, sem exceção. Assim, inverto o velho ditado e digo "não chorar para rir" ou, simplesmente, "rir por rir".

Finalmente e não menos importante, meu desejo ao escrever este livro também se dirige aos horizontes da aventura e da viagem. Da necessidade de rompimento com as rotinas impostas. Nesses termos, procuro mostrar que o universo da pesca esportiva – ou quiçá de qualquer outro entretenimento abraçado apaixonadamente – nos possibilita uma renovação do olhar, nos leva à procura do outro, nos força ao enfrentamento de fatos inesperados, nos faz personagens e construtores de histórias. E o ensino, tal qual a pesca, também tem muito de aventura ou pode se alimentar das aventuras nascidas das viagens concretas dos professores por diferentes territórios. Nesta obra, ao falar gostosamente sobre as minhas incursões pelo maravilhoso universo da águas e dos peixes, quero acentuar, enfatizar a meus colegas professores que, ao lado do labor cotidiano, necessitamos de outras coisas para adensar a nossa existência e fazer a vida valer mais a pena. O sofrimento não pode se constituir num modo de ser do magistério nacional!

O escritor norte-americano Paul Quinnet, a quem rendo uma homenagem por meio deste livro, vem escrevendo obras extremamente interessantes sobre a filosofia, a psicologia e a pedagogia da pesca. E ele é também psicoterapeuta e trabalha na esfera da prevenção de suicídio nos Estados Unidos. Seus escritos trançam interessantes relações entre a psicologia e a pesca. Com sua autorização, traduzo e transcrevo aqui uma das suas reflexões, porque essa em especial serve para assinalar meu principal propósito com a publicação deste livro.

Dalai Lama para Guias de Pesca

Dalai Lama certa vez descreveu a jornada da vida como uma jornada através de uma grande floresta com espinheiros pontiagudos – uma jornada que se torna segura e agradável quando somos guiados por uma pessoa sábia e que conhece os caminhos por entre os espinhos e por sobre as suas trilhas tortuosas e perigosas. Ser guia das pessoas através do espinheiro é ser um padre, um monge, um terapeuta, um curandeiro, um preceptor ou uma pessoa que, por bondade, mostra aos outros como evitar a dor e a angústia e a decepção.

Para se transformar num guia você precisa viajar sozinho através dos espinheiros, estudar e aprender, e retornar sem perigo. Somente depois é que você pode mostrar o caminho aos outros.

Os professores vão à faculdade para ganhar esse direito. Os padres estudam a vida inteira para merecer essa honra. Os médicos se devotam à arte da cura para acompanhar as pessoas pelas passagens e os guias de pesca aprendem os seus rios. Qualquer um de nós pode ser um guia a um iniciante, a um peregrino, ao marinheiro de primeira viagem.

Quando você ensina uma pessoa a pescar você assume as funções de guia, de preceptor, de mentor. Quando você mostra aos iniciantes o caminho através do imenso espinheiro da pesca, você lidera-os pelo exemplo, mantém o grupo sobre trilhas seguras e mostra a eles como evitar os espinhos afiados. E o mais importante, você se transforma num modelo e mostra como manter viva a esperança no passar do tempo.

Os tempos de pescaria são traduzidos em estudo e experiência e conhecimento. Você se transforma num especialista sobre os caminhos do espinheiro. Você já explorou os seus estranhos caminhos e arrancou os espinhos da própria carne. As cicatrizes ensinam melhor. Aquilo que você sabe, você aprendeu tanto da maneira difícil ou aprendeu em parte de alguém mais experiente, que aprendeu da maneira difícil. O conhecimento da pesca é transmitido da mesma forma que o conhecimento da cicatrização.

Tanto na pescaria como na vida, depois de atravessar o espinheiro e voltar, Dalai Lama diz que você é presenteado com uma calça especial de couro (semelhante à dos vaqueiros). O couro dessa calça é curtido pela densidade da experiência vivida. Vestindo-a sobre as suas pernas, você poderá viajar pelo espinheiro facilmente e sem perigo, e quase nunca ser dolorosamente atingido pelos espinhos.

A calça é feita de prática, aprendizagem e conhecimento. Você poderá usá-la para proteger somente a si ou para proteger a si e aos outros. A escolha é sua.

Ensinar as pessoas a pescar é vestir a calça de couro e mostrar aos peregrinos o caminho através dos espinhos. Você os conhece bem e os outros nada sabem sobre eles. Levá-los até o outro lado é uma grande dádiva.

Se você optar por ser guia de alguém, leve o iniciante aos melhores pontos de pesca, dê a ele as melhores iscas e conte a ele as maiores mentiras.

Mostre ao seu viajante onde exatamente nadam os maiores peixes.

Deixe o aprendiz arremessar primeiro.

Encoraje, oriente gentilmente, dê os nós e ponha o peixe no passaguá, e assim você, não o principiante, vai ganhar o prêmio maior de todos.*

Acredito que existam muitas semelhanças (muito mais do que se possa imaginar) entre ser professor e ser pescador. A leitura deste livro será uma prova disso.

---

* QUINNET, Paul. *Fishing lessons. Insights, fun, and Philosophy from a passionate angler*. Kansas City: Andrews McMeel Publishing, 1998. p. 252-23.

Agora é planejar a aventura, preparar as tralhas e arremessar a consciência e os sentimentos, com muita fé e esperança, para dentro das páginas. Como guia de pesca e professor que deseja guiar outros professores, garanto alguns bons pontos de pesca, algumas das melhores iscas e muitos peixões durante esta leitura aventureira – o importante é seguir em frente, apesar dos perigos e dos espinhos do atribulado magistério brasileiro.

Importante não é dar o peixe, mas sim ensinar a pescar!

Ezequiel Theodoro da Silva
Campinas, março de 2008

Capítulo 1

Aproximação das Duas Esferas: Pesca e Educação

1. Peixes: Sua simbologia na história

Os cultos aos peixes estão encravados em todas as fases da história da humanidade. Aos pescadores e professores, cremos que valha a pena conhecer um pouco da presença dos peixes no imaginário dos diferentes povos. Isso para compreender melhor a paixão das pessoas pelas atividades de pesca e, talvez, explicar algumas das maravilhas desse esporte ou jogo ou passatempo ou lazer ou vício predileto.

Vamos recuperar um pouco da simbologia cristã?

Em grego, peixe se escreve "ICHTHYS" – um acróstico cujas palavras iniciais correspondem a Iesoûs Christòs Hyos Soter, ou seja, "Jesus Cristo, Filho de Deus, Salvador". A palavra "ichthys" (daí, inclusive, "ictiologia = ciência que estuda os peixes") era usada como um signo secreto por meio do qual os cristãos se reconheciam entre os pagãos.

O papa usa até hoje um anel chamado "ANULUS PISCATORIS" – um símbolo que remonta à abundante pescaria realizada pelo Apóstolo Pedro, relatada por Lucas.

Durante o Dilúvio Universal, os peixes não foram alvo da maldição divina. Daí, pelo batismo na pia batismal (ou "piscina" = viveiro de peixes, literalmente), os cristãos se tornarem iguais aos peixes.

Os peixes são atributos de vários santos da Igreja Ccatólica; os mais conhecidos São Brasidano e Machóvio (protetores dos navegantes), Pedro, André, Antonio de Pádua e Elisabete da Turíngia.

No Antigo Testamento, o imenso peixe que engole Jonas e depois o devolve com vida é um símbolo de Cristo, que foi sepultado e depois ressuscitou. Basicamente, Jonas encontra-se com o peixe, é engolido, transformado e depois retorna com uma nova consciência sobre os fenômenos da vida.

No mundo imaginário cristão, os peixes simbolizam a felicidade, a fraternidade e o amor.

Que tal estendermos as significações, fazendo um passeio rápido pela história?

Foram muitas e diversas as representações do mundo dos peixes e da pesca ao longo da história. Conhecer os símbolos que se fixaram no imaginário dos povos é, sob certo sentido, reforçar o nosso conhecimento sobre os múltiplos aspectos que compõem a pesca esportiva. Ainda que sintético, queremos recuperar a simbologia que preponderou na Antiguidade, arrematando com um apanhado geral de sua presença na psicologia moderna.

No Egito, os peixes eram alimento do povo, mas proibido aos sacerdotes e reis. Isso porque eram seres das profundezas do mundo, podendo causar inquietação e acontecimentos negativos. Mesmo assim, dois peixes representavam deuses: Heliópolis (Enguia) e Neith (Perca).

Na Índia, o deus Uishnu, sob forma de um peixe, salvou do Dilúvio Universal o progenitor da humanidade, Manu.

Na China, o peixe (*yü*) representava a felicidade e a abundância. Além, disso, peixe e água (juntos) constituíam uma metáfora do prazer sexual. No Japão, a carpa (*koinobori*), por vencer as correntes contrárias e quedas-d'água, é a essência da coragem, resistência e perseverança dos homens.

Em termos gerais, por viverem no mundo das águas (símbolo maior do inconsciente), os peixes representam os conteúdos presentes na camada mais profunda do psiquismo de uma pessoa. Os peixes, enquanto símbolos, ainda apresentam uma relação com a fertilidade e as energias vitais dos indivíduos. Peixes, enfim, quase sempre representam as virtudes do amor e da fertilidade.

Na psicanálise, os peixes, enquanto símbolos oníricos, são imagens veladas do pênis. Na linguagem popular turca, por exemplo, o pênis humano é chamado de "peixe de um olho só".

2. Tipos de pescadores

Tenho encontrado uma "fauna" imensa e multifacetada de pescadores por esse Brasil afora. Alguns fazem rir; outros, chorar de dar dó. Uma descrição de cada um deles é muito oportuna dentro desta obra.

Existe o "pescador esnobe", que não sabe nada de peixes ou pescarias, mas estrondeia como se fosse um expert sobre tudo desse maravilhoso universo da beira do rio. O "pescador fominha", também chamado de "leva-vantagem", corre na frente de todos os companheiros para ser o primeiro a experimentar os pontos e as estruturas. Não adianta procurar nem esperar por ele, pois já está quilômetros à frente de todos.

O "pescador-grife", bem asseado e superorganizado, possui uma centena de equipamentos inúteis, e desfila paramentado no seu belíssimo vestuário, com bordados, *patches* e *bottons* por todos os lados (até no boné ou chapéu). O "pescador munheca" – oposto ao agora referido – despreza todas essas "idiotices" relacionadas a equipamentos, carregando os exíguos materiais dentro de um roto embornal (tudo abarrotado como se fosse uma macarronada).

O "pescador literário" lê muito e não sabe nada sobre as práticas de pesca. Usa linha 80 milímetros para pescar lambari; as artificiais ele deixa "de espera"; pergunta continuamente se não existe uma minhoca que não lhe suje os dedos ao ser iscada no anzol. Por aí afora, uma lástima!

Finalmente, o "pescador presunçoso", para quem a modalidade preferida de pesca é sempre melhor do que todas as demais. Por exemplo, caso for um pescador de *fly* (mosca, para os íntimos...), despreza e critica todos os pescadores que preferem iscas naturais e/ou artificiais.

Qualquer semelhança não é mera coincidência...

3. Professor: infelizmente ainda sem pescar e sem prosperar

> *Pesque e prospere!*
> Ditado popular

Pensar e atuar na direção do restabelecimento urgente da dignidade do professor é uma tarefa de toda a sociedade brasileira. Os motivos para sustentar essa afirmação são múltiplos e, no meu ponto de vista, inquestionáveis em termos de necessidade.

No campo do desenvolvimento social, num tempo em que os processos de produção se complexificam e a economia se internacionaliza, a educação e, portanto, as escolas adquirem suma importância na formação dos cidadãos. No campo da cidadania, numa época em que o conhecimento se coloca como o fundamento para decisões sobre os rumos da vida social, a educação escolarizada é uma das formas – senão a principal – para a formação integral do homem, nas suas dimensões cognitiva, ética e política.

O binômio educação–escola tem sido (e ainda vem sendo) presença constante nos discursos dos nossos políticos, principalmente em períodos pré-eleitorais. Qualquer estatística é capaz de demonstrar a insistência ou recorrência de clichês do tipo "Na educação, o futuro do Brasil!", "Um país se constrói com livros e escolas!", "Lugar de criança é na sala de aula!", "A transformação do Brasil somente ocorrerá com escolas de boa qualidade!", entre outros. Fala-se, cita-se, proclama-se isso tudo, mas as ideias permanecem no nível do proselitismo barato na medida em que, de ano para ano, as políticas não contemplam nem sequer minimizam as necessidades reais do professorado. Parece que a educação e a escola são entidades vazias, sem seres de carne e osso – os professores – que as façam funcionar.

As mudanças sociais aceleradas deste final de milênio, as novas clientelas que chegam aos bancos escolares e as novas teorias do ensino–aprendizagem geraram uma maior complexidade ao trabalho docente. A todo instante, seja pela retração da educação familiar, seja pela pluralidade dos saberes, novas exigências são colocadas nos ombros dos professores. Isso quer dizer que ser um professor hoje é muito mais difícil, em termos de desafio junto a um grupo de alunos, do que era há trinta ou quarenta anos. Ocorre que a essa complexificação não se seguiu uma política de melhor infraestrutura para a execução das tarefas docentes nem uma política de melhoria salarial. Os anúncios de melhoria ora existentes parecem não contemplar o volume de carências existentes na área.

É para se verificar qual governo fez, concretamente, uma aposta real no trabalho dos professores, colocando em práticas políticas objetivas (não paliativas), dialogadas (decididas com as associações docentes) e continuadas.

Vasculhe-se a história da educação brasileira no período da ditadura e pós-ditadura para constatar que existe pouco ou nada de efetivamente realizado. Daí dizer que a classe dos professores vive entre ciclos recorrentes de esperança e desilusão ao sentir que as denúncias e os anúncios não são seguidos de programas de dignificação de uma profissão que, por e para todos, é tida como de vital importância para a cidadania e para o próprio desenvolvimento do país.

Para dentro do magistério são injetadas as ideologias mais absurdas e enganosas para reproduzir a falta de condições para a produção de um trabalho de qualidade. "Ensinar é dom e sacrifício!", "O professor é um missionário!", "Ensinar é um ato de amor!", entre outros, são algumas das ideias que movimentam o imaginário social no que se refere ao papel dos professores na sociedade brasileira. Mesmo os governos democraticamente eleitos assimilam e passam a reproduzir e pregar indefinidamente tais tipos de abordagem do problema. Passa-se o tempo, rodiziam-se os governos e o que vemos é o barco da educação sempre à deriva.

Ha vantagens ou prazeres em ser professor numa sociedade como a nossa? Ainda que sentimento de desgosto seja preponderante em decorrência das múltiplas opressões destas terras, não há como negar que ser professor (na real acepção do termo) permite ao sujeito uma imersão frequente no mundo do conhecimento e, ao mesmo tempo, uma revitalização de si mesmo pela convivência com diferentes grupos de estudantes. Tivéssemos nós um equilíbrio entre aquilo que é inerente à profissão e aquilo que se exige para o exercício dessa profissão (quadro de carreira, salário de gente, recursos didáticos à disposição, lazer, saúde etc.), certamente não estaríamos diante de a uma encruzilhada tão dilemática no que se refere às questões educacionais e escolares.

Tá nervoso? Vá pescar, professor...

4. Tipos de professores

Viajando por esse mundão de Brasil a fim de cumprir compromissos acadêmicos, sou apresentado a uma fauna diferenciada de gente que se diz professor. Que exerce o sagrado ofício do magistério. Que recebe o holerite com o magro – porém certo – salário todos os meses. Que tem de estar na escola todos os dias, caso contrário essa casa da sabedoria não tem condições de funcionar por falta de comando dentro das salas de aula.

Nasce dessa deliciosa experiência de viajar e conhecer gente nova, um álbum de retratos com alguns tipos de professores que hoje são fáceis de serem identificados e categorizados dentro da minha classificação mental. É apertar a mão, ouvir algumas palavras da boca desses professores e dizer mais ou menos assim: "Puxa, como este sujeito se parece com aquele outro!". Vamos a eles.

O "professor marxista de Ipanema". Eternamente revoltado com sua condição e seu parco salário, pensa que a escola e a sala de aula são tribunas eleitorais e/ou partidárias. Esquece – porque talvez não saiba – o que tem de ensinar e torna-se um pregador revolucionário das causas perdidas. No fundo, talvez inconscientemente carregue consigo o desejo de concorrer a algum cargo político na sua diretoria de ensino ou até mesmo na sua cidade.

O "professor água com açúcar". Afetividade e amor são as curas para todos os males da escola e da sociedade. Dê atenção e carinho aos estudantes porque o que funciona mesmo são as emoções, os sentimentos e as carícias (físicas ou verbais). Em verdade, para ele, o que conta mesmo são as boas relações humanas, deixando a produção do conhecimento para uma outra hora, quando as emoções estiverem a ponto...

A "professora grife da moda". Para essa, a escola é uma verdadeira passarela: ela chacoalha as ancas pelos corredores e na frente das classes com os últimos modelos dos shoppings e com as lampejantes bijuterias no pescoço, nos braços e nas orelhas. Por vezes, não resiste a uma tatuagem por volta dos peitos ou do umbigo ou então, o que não também não é incomum, a um *piercing* em ponto corporal estratégico, bem visível. Não dá aula nenhuma, mas gosta de ser aplaudida.

A "camelô-sacoleira", que transforma a escola num rendoso supermercado de badulaques trazidos do Paraguai ou da rua 25 de Março. Versão da sacoleira é a quituteira, com salgadinhos e docinhos dentro de uma cesta, fôrma de aço (daquelas meio amassadas, mas sempre brilhando) ou recipiente plástico (verdinho-limão para expressão de cuidado com a higiene). Outra variante é a "fulana de tal da roupa feita", dispondo de uma mala maior para melhor apresentação dos seus produtos em cima da mesa da sala dos professores. Sempre uma forma de complementar o salário para sobreviver e os alunos também são clientes em potencial.

O "professor Pico do Everest". Inatingível – não de altura física, mas de altura cognitiva. É o sabe-tudo, o sábio, o guru. Olha para os colegas e alunos de cima para baixo, soltando verticalizadamente pela boca as expressões irrefutáveis, certas e verdadeiras. O coletivo da escola, com exceção dele, é claro, é composto de idiotas e ignorantes, que pouco sabem das matérias do currículo e que pouco tempo têm para acompanhar as inovações. Em casa, na frente do espelho, fica de duas a três horas fazendo trejeitos com as mãos e com as sobrancelhas a fim de treinar os melhores modos para expressar a sua inegável superioridade perante aos outros. Geralmente solteiro e solitário porque ninguém suporta um chato de galocha como ele!

O "professor espalha-merda". Desorganização, caos, confusão, desmazelo, desleixo e relaxo são as marcas registradas desse cidadão. Geralmente se apresenta sujo, sem banho tomado. Um cecê que o nariz da gente percebe a três metros de distância. Barbudo, com alguns farelos de pão no entremeio dos pelos. Em sala de aula, fala de mil coisas ao mesmo tempo e, no conjunto, não ensina absolutamente nada. Os que têm carro dão a parecer que foram vítimas de um tsunami e na parte de dentro pode-se encontrar todas as quinquilharias imagináveis, além de mosca e baratas mortas.

O "zumbi morto-vivo". Muito comum entre os professores que já entraram na esfera da perda de esperança para com tudo nesta vida. Já se aposentaram em serviço, desviando-se de qualquer vontade que envolva o ato de ensinar o que quer que seja a quem quer que seja. Almejam, fundamentalmente, um bom túmulo no cemitério, com cova bem funda para não irradiar seu desânimo diante de qualquer tipo de melhoria deste mundo.

O "professor professor". Existe este também, ainda que um pouco mais raro por estes dias...

Qualquer semelhança não é mera coincidência...

5. Síntese: não dê o peixe, ensine a pescar

AO MESTRE

A água vem do céu e corre para o mar...
Mas no caminho, ah! Quanto bem faz!
Dá vida à flora e à fauna...
Distribui graciosamente beleza e alegria...
Mesmo assim, não é valorizada.
É poluída, desperdiçada...
Mas, sem ela, ninguém sobreviveria.
Mestre,
Se tu também como a água.
Por onde passares leve vida, leve sabedoria.
Se como um rio de conhecimento a banhar a terra árida,
esturricada pela ignorância.
E se tentarem te aprisionar,
Faze como a água, transborda...
Quando uma rocha tentar te deter, insista, luta,
esbraveje, precipita-te, se preciso for.
Mas não permita que te detenham.
Pois, se o objetivo da água é o mar,
o teu objetivo é ainda maior:
é o oceano da sabedoria...
E quando tiveres alcançado teu objetivo,
como a água,
ao céu retornarás,
pois lá é o teu merecido lugar.

Formandas do Curso Técnico em Informática, Colégio Notre-Dame.
Jornal Correio Popular, Campinas, 21 jan. 2001.

O que tem o professor de pescador e o que tem o pescador de professor? Creio que muitas características em comum, principalmente as que se referem à postura ética perante as pessoas e a natureza. Além dessa, mais fundamental e básica, incluem-se aqueles aspectos voltados às competências de ambos os processos (ensinar e pescar), que sempre exigem planejamento e ações metodizadas para que resultem positivos.

E a pesca esportiva, não predatória, pode ainda ser uma opção de lazer para o professor, abrindo-lhe perspectivas de descanso e de merecido ócio, depois de batalhar as suas longas listas de aulas em várias escolas. Os peixes fisgados, uma vez soltos de volta ao rio, podem renovar no professor o valor da liberdade; as visitas às paisagens naturais pode alimentar-lhe a fantasia e a imaginação, tão necessárias ao esforço de renovação da profissão docente hoje em dia; a paz e o sossego das águas podem acionar a meditação, a reflexão e o sonho, revitalizando o espírito para o enfrentamento das agruras do magistério.

Quase sempre, é na filosofia do "de pai para filho" que devem ser buscadas as raízes primeiras da formação do pescador. Por isso mesmo, pode ser afirmado que o pai se transforma numa figura de especial importância na introdução de uma criança no mundo da pesca.

As atitudes, as destrezas e os valores implícitos nas práticas de pescar vão sendo continuamente sugadas pela criança e, de repente, ela ganha sua independência e autonomia nessa arte. O interessante é que esse novo pescador traz dentro de si, no manejo do equipamento e/ou na personalidade adquirida, um pouco do jeito do próprio pai-professor.

Se essa aprendizagem segue as pegadas do exemplo, é de suma importância que o pai do futuro pescador possua uma filosofia bem constituída diante das pessoas, da natureza, da fauna e da flora. De fato, caso ele seja um predador ou um poluidor, é certo e claro que o modelo não será dos melhores, podendo formar um pescador pela metade ou um ser humano destituído de ética diante dos fenômenos do mundo.

Costumamos dizer que a pesca esportiva, como todo esporte, possui fundamentos e regras, além de competências relacionadas ao uso dos equipamentos. Dentre os seus fundamentos, coloca-se o "pesque & solte". O pai-professor deve imaginar, por exemplo, os elementos de decisão que estão envolvidos no momento crítico de soltar um peixe – eis aí um excelente motivo ou tema para iniciar as primeiras aulas...

Nas ações do professor e nas ações do pescador pode-se muito bem embutir a máxima: "Não dê o peixe; ensine a pescar". Isso porque o que desejamos para as pessoas (estudantes, filhos, amigos etc.) é sua independência e sua autonomia neste Brasil de tantas injustiças e de tantos desmandos sociais.

Espaço de Arejamento 1: Rir, rir, rir

a) Jogo de linguagem: o peixe e a peixinha

O peixe disse para a peixinha:

— Peixe-me, eu estou *apeixonado* por você...
— Jamais! Você jamais será meu *marisco*! Eu sei que você tem *ostra*! E, depois, o que é que o *polvo* vai falar?
— Não se faça de *engrassardinha*, todo o mar sabe que você *traíra* o seu outro namorado!
— Ah é? Pois fique sabendo que eu já fui *garoupa* de Ipanema, eu moro na avenida Vieira Souto!
— *Traíra* uma coisa em que eu não havia pensado. Só que corre pela *arraia* miúda, que você tá meio *baiacú*. *Sereia* melhor que você se cuidasse!
— Com esta, eu levei um *bagre*! Nunca poderia pensar que você diria isso.
— Bem, eu *anchova* melhor a gente depor as armas: *espadas* baixas, O.K.?
— O.K.! Eu também fui meio *cavalinha*. Sabe, a mamãe está fazendo o meu *anchoval*. Já começou a minha *concha* de retalhos.
— E você não a ajuda?
— Não dá. Ela gosta de fazer tudo sozinha. Mas eu já vi como vai ficar. Tem duas partes. A de lá é verde, e a de *cá, marão*.
— Mas deve haver *alga* que você possa fazer.
— Ela não sabe, mas eu já bordei *atum-alha* de mesa.
— Ah bom! Então posso crer que *tatuíndo* de acordo com os nossos planos?
— Nem tanto ao mar, nem tanto à terra! Lembre-se: quem *siri* por último, *siri* melhor!
— Acho melhor rever tudo para que não haja enganos. Na última hora é um tal de *mexilhão* na papelada, você sabe como é...
— Você vai querer que o padre diga algum *salmão*?
— Não será preciso. Você sabia que o salão foi todo *pintado*?
— De que cor?
— De *dourado*!

— E as *corvinas*? Estão com os babados que eu pedi?
— Está tudo como você pediu. Tudo certo então?
— Tudo bem. Vamos para o motel dar "umazinha". Vamos no seu *caracol*, você *enguia*...

b) Causo: Ele queria comer a sereia

Depois daqueles sete dias a seco na beira do rio, sem peixe, sem puxão, sem porra de bicho para fazer passar o tempo, veio-lhe à mente uma mulher gostosuda, popozuda a martelar-lhe os neurônios e a gerar-lhe vontades impossíveis. Naquele meio de mato, sem bicho ou bicha, o negócio era fantasiar e viajar para dentro das experiências já vividas com muitas mulheres deste mundão brasileiro.

Ah, tinha uma saída... O piloteiro tinha contado a respeito de uma sereia, daquelas bem peitudas e de ombros macios, que morava na terceira curva do rio, surgindo sempre no negro das noites por sobre uma grande pedra onde as águas batiam sem parar. A imagem, conforme contada pelo matuto, enfiava um forte desejo na cabeça do nosso pescador, agora já pensando em como fisgar para comer. Cabeça de vagabundo é oficina do diabo!

Não era um caso de pescar & soltar – *catch & release* que nada! Aqui nesse caso, esse meio-peixe-meio-mulher tinha que ser muito bem comida, sem tempero e talvez muito ferozmente para atender a seu lado animal. Seria um pouco difícil essa manobra de captura, mas os prazeres poderiam ser inventados, inclusive uma noite de amor com somente a parte de cima, com peito, boca e outros furos superiores. Como fazer com a parte de baixo? Eis a grande indagação!

O fato é que naquele mesmo anoitecer pôs-se bonitinho ao máximo. Ensaboetou-se todo, especialmente entre as pernas, como que preparando para fazer a máquina funcionar. Fez a barba, aparou o bigode. Meteu-se na melhor indumentária, com bordados por todos os lados e uma bandeira do Brasil na manga esquerda – vai ver que a sereia era nacionalista e queria mesmo os pescadores brasileiros, mais troncudos e mais dispostos às invenções maravilhosas nas camas. Era hora, tinha que se chegar para apreciar a meia-mulher nua; então, que deixasse o tesão reprimida mostrar-lhe o caminho.

Chegou ao lugar. O luar jorrava luz no entorno da pedra. Era possível ver a beldade com seus grandiosos seios como dois lindos montes. Sem dúvida que ele subiria nesses montes e os lamberia, beijaria, morderia até fazer a sereia gritar de gozo naquela barranca de rio. Sim, eles rolariam pedra abaixo até alcançar aquela moita traseira, que lhes que serviria de cama para desfechar o ato, ou melhor, os repetidos atos, pois o atraso era total.

Foi se aproximando com a canoa. Se aproximando e o tesão aumentando em proporção geométrica. Será que a sereia também estava a fim? Será que essa lenda daria frutos reais? Deixaria ser comida? Pulou em cima daquele peixão e conseguiu rolar até a moita conjugal – capim gostoso a ver a ginástica na repetição dos atos.

Qual sua surpresa quando ouviu uma voz lhe sussurrar:

– Calma, meu pescadorzão tesudo, vá mais devagar. Deixa eu tirar esta fantasia de peixe aqui da parte de baixo e me virar pro seu lado pra facilitar os movimentos. (Era exatamente o dono da pousada onde estava hospedado e sem dúvida dando sinais de completa veadagem naquelas paragens longínquas. Ou você pensa que só nas cidades existem veados?)

O que veio depois nós deixamos para a imaginação fértil dos leitores.

c) Conto: Ritual de iniciação, ensinando o filho a pescar...

De tanto o meu Catulé Júnior, de 6 anos, ficar me enchendo a paciência, resolvi levá-lo para sua famosa pescaria de estreia. Parecia ter chegado a hora de mostrar aos vizinhos e amigos que "filho de peixe peixinho é"; além disso, podia ser que o garoto me trouxesse a necessária boa sorte na captura definitiva do meu perseguido troféu (um tucunaré bocudo que já me escapara por três vezes consecutivas na região do lago da Cobra Cabeçuda).

Na madrugada do sábado da partida, tive dois probleminhas contornáveis e pacientemente solucionados com o devido bom humor. O Júnior mijou na cama porque tinha sonhado com mundão de água do imenso lago onde íamos pescar. Foi uma barra levar o colchão molhado (e pesado!) para secar lá no quintal, mas como pai é pai e, além do mais, pau pra toda obra... Tive ainda que trocar um pneu furado da carreta do barco (percebi essa triste imagem no momento de dar marcha a ré no meu carro). Atrasei a partida por umas boas duas horas, mesmo porque o estepe da carreta estava murcho... E a caminhada até o borracheiro mais próximo não era das mais curtas.

No percurso até o lago, caiu um toró danado. Com a ventania e a chuva de granizo, o limpador do para-brisa não aguentou e parou de funcionar. Exatamente a maldita palheta do meu lado. Tive que parar o carro várias vezes para passar um pano do lado de fora do vidro e assim conseguir enxergar as incessantes curvas da sinuosa estrada. Ainda bem que o Júnior tinha pegado no sono no banco de trás e nem sentiu o sofrimento daquele pai-pescador que começava a ficar nervoso com o acúmulo de surpresas desagradáveis. Só que o danado sonhou de novo e mijou nas calças, bem mais que da primeira vez, deixando o banco traseiro num estado deplorável.

Enfim na margem do lago! Ufa, ainda bem que tinha parado de chover e havia um belo gramado por ali! Foi um sufoco sério colocar a carreta dentro da água para soltar o barco e, com o meu moleque ainda dormindo, nem percebi que a embarcação tinha rodado para dentro do lago. Me despi super-rapidamente, pulei naquela água que estava gelada como-o-quê e nadei uns 30 metros para trazer o barco de volta, amarrar num galho curvado sobre a água e colocar a tralha, isopor, comida e caixa de iscas dentro dele. Como eu estava fazendo totalmente pelado esse ingrato serviço, levei umas dez ferroadas de pernilongo, uma delas bem na ponta do meu pinto (foi a primeira vez que me senti um superdotado...). Mas desta vez não gritei mesmo porque Catulé Júnior estava começando a acordar e eu tinha que dar o bom exemplo.

O motor de popa não queria pegar. Suei umas duas camisas de tanto puxar a fieira. Balancei o tanque para ver se tinha gasolina. Verifiquei o suspiro. Tirei o capu, mexi no carburador, apalpei a fiação elétrica, retirei e recoloquei as velas. Até descobrir que meu garoto estava brincando com a espiral vermelha da trava de segurança do motor, e prestes a jogá-la na superfície da água para imitar uma linha com um anzol de argola na ponta. Depois, enfim, consegui dar a partida e navegar por aproximadamente meia hora até atingir a melhor opção de local para os grandes tucunarés. Com meu filho, meu querido mascote a meu lado, a sorte estaria garantida!

Preparei vara e carretilha para o Júnior, mostrando-lhe como fazer o arremesso das artificiais. Voltei à popa, sentei-me, liguei o motor elétrico e comecei a navegar paralelo à margem do lago a fim de testar a fé e a sorte. Aquele imenso tucunaré bocudo dos seus sonhos haveria de dar as caras – era hoje ou nunca!

No segundo pincho, o danado do Júnior esqueceu de apertar o dedão no carretel de linha e o resultado foi uma cabeleira tipo macarronada italiana. Daí tive que atracar o barco na margem para consertar o prejuízo e contentar o garoto que, mesmo depois dessa grande besteira, insistia em continuar pescando.

Com o nervosismo e a preocupação, errei completamente o arremesso seguinte e a isca artificial foi enroscar-se no galho mais alto de uma ingazeira. "Logo a minha isca importada mais cara, porra!" Não houve jeito nenhum de retirar a isca lá no alto porque havia formiga caminhando por sobre os galhos da árvore. Dei um puxão forte, a isca ficou grudada lá em cima, mas a linha 0.35 voltou que nem um raio, atingindo a ponta da minha orelha esquerda. Gemi de dor, quis xingar, mas refreei a frase – isso porque Catulé Júnior estava cinicamente analisando toda aquela estranhíssima situação.

Com esse incidente, ou melhor, acidente, nem reparei que o Júnior já tinha perdido o entusiasmo pela pescaria e estava devorando, feito um morto de fome, todos os sanduíches, sacos de salgadinhos e doces que havíamos trazido. Quando dei pela coisa, pensei que era bem melhor que o menino fizesse isso mesmo e não enchesse muito o saco, pois assim teria tempo de dar pinchos mais certeiros em direção às estruturas e assim reencontrar meu procurado tucunaré.

Só que, passado algum tempo, deu uma dor de barriga desgraçada no Júnior...

– Pai, preciso ir ao banheiro...

– Sabe, filho, aqui a gente faz cocô na terra mesmo. Igual aos animais. Entende?

– Ah não, ah não, eu preciso sentar. Se eu ficar agachado na terra as bolinhas não saem.

– Então se ajeite aí no viveiro de peixes da frente... Abra a tampa e faça o seu servicinho. Depois, quando voltarmos, pegamos uns baldes e juntos limpamos a caca, tudo bem?

Catulé Júnior abaixou as calças e começou a cagar ali mesmo, dentro do viveiro. Só que, nesse exato momento, a minha isca joão-pepino afundou inteirinha com a bocada que levou do valente tucunaré. Muita adrenalina. Briga longa. Exibição de mestre. Toda a cena assistida de camarote por Júnior, que continuava malhando o barro no trono improvisado.

Meu velho e sonhado tucunaré foi finalmente embarcado. Doze quilos e trezentos gramas bem pesados. Sim o grande troféu da minha vida! Com o bicho pulando dentro do outro viveiro (o de trás, pois o da frente estava cheio de bolotas de merda do Júnior), liguei o motor e risquei a água em direção à marina mais próxima para tirar as fotos, comprovar equipamento e enviar tudo para o IGFA (International Game Fishing Association). Seria o campeão do mundo, sem dúvida nenhuma!

Sim, eu seria o campeão mundial de pesca de tucuna, do mundialmente famoso *peacock bass*. Meu maior sonho já vinha se transformando em realidade – quem sabe haveria algum prêmio especial, como uma casa ou uma viagem aos Estados Unidos. Sabe-se lá! Ah, agora sim os amigos iam demonstrar um total respeito pelas minhas competências de pescador esportivo. Pensei até em embalsamar o bicho para colocar na parede da sala lá da minha sala.

Depois de amarrado o barco, eu disse a meu filho:

– Trate muito bem e com carinho do peixão do papai, que está no viveiro aqui detrás. Se acaso o tucunaré pular ou se debater, ponha um pouco de água no viveiro pra ele ficar bem calminho e sossegado.

Dito isso, deixei Catulé Júnior tomando conta do barco e do peixe e saí correndo para dentro do barracão da marina para chamar as testemunhas. Retornei depois de uns vinte minutos, com uma comitiva a tiracolo – todos queriam ver meu troféu de mais de doze quilos.

Abri o viveiro, mas não encontrei o peixe. Abri o outro viveiro, pensando ter me enganado, mas neste aqui havia apenas troços de bosta boiando... Olhei para o Júnior e perguntei:

– Onde foi parar o meu peixe, filho?

– O tucunaré começou a pular, a chorar, com sede, pedindo água e eu dei toda água deste lago para ele não morrer. Soltei ele na água do lago depois do terceiro pulo. Assim ele toma toda a água que quiser, descansa com a família e não chora mais.

Adivinha quem começou realmente a chorar de desespero?!?! Pai sofre realmente... Ainda por cima, lembro que passava voando por ali uma arara-azul, que despejou lá do céu, bem em cima do meu cocuruto, uma bolacha de merda mole.

Capítulo 2

Criticidade nos Atos de Ensinar e de Pescar

1. Como Pescar Dourados: Uma Teoria...

Um iniciante se aproxima e me pergunta como fazer para pescar dourados. E eu solidariamente lhe explico:

> Deixe todas as suas preocupações em casa: não traga aborrecimentos para a beira do rio. Areje sua cabeça e mergulhe completamente na natureza. Pense na igualdade dos seres: aqui não existem hierarquias, aqui todos são iguais e valem a mesma coisa ao lançarem a linha na água. Imagine como a vida seria bem melhor, mais justa, caso todos os seres se pusessem em pé de igualdade, conscientes de que a vida é um ciclo de nascer, viver e morrer. Quando estiver planejando a pescaria e, depois, já em busca dos dourados, lembre-se das pessoas que não podem pescar porque são humildes, vivem apenas para trabalhar para garantir o pão, sem condições materiais para gozar os maravilhosos momentos das pescarias. Os operários carcomidos pelos regimes econômicos injustos; os miseráveis que perambulam pelas ruas, pedindo esmolas; os mais humildes, que nunca tiveram oportunidade de aprender a pescar; os presidiários que, limitados pelas paredes e grades, não podem sentir concretamente a liberdade das águas e dos peixes. Os doentes nos hospitais, encarcerados em camas e lutando para recuperar a sua saúde. Coloque-se no lugar

daqueles meninos de rua, pivetes abandonados à própria sorte, que nunca tiveram um modelo ou testemunho familiar para gozar os momentos prazerosos da pesca. Ponha-se no lugar das prostitutas de todas as idades, que são obrigadas a vender o próprio corpo para atender aos três roncos diários da necessidade de se alimentar. Ao esperar pelos ataques dos dourados, reflita sobre as virtudes humanas: sobre a necessidade de transformações sociais para que todos possam viver mais e melhor. Ainda enquanto os dourados não se aproximam da sua isca, medite sobre as ações que você pode executar em benefício dos mais necessitados. E quando o dourado agarrar o seu anzol e der aquele salto monumental, e quando você estiver soltando risos de alegria ao sabor desse prazeroso embate, e quando você estiver concentrado nas corridas do peixe, pense em tudo aquilo que você pode ser e fazer de modo que mais pessoas possam viver sensações semelhantes às que você agora vive e sente. Finalmente, solte o peixe de volta na água para revigorar e fortalecer o seu próprio sentimento de liberdade. É assim, amigo, que devemos pescar os dourados.

2. O professor e a vivência das virtudes

O trabalho docente, em razão da sua abrangência e intensidade, deveria envolver a condução dos estudantes ao mundo das virtudes. O ato de ensinar é um complexo amálgama que une, dinamicamente, as dimensões cognitiva, ética e estética da vida. Nesses termos, o professor não é somente aquele que organiza e dispõe saberes aos seus alunos, mas um sujeito que também, pela conduta e pelo exemplo, possibilita a experiência concreta de valores. Diga-se de passagem: nenhuma máquina, nenhuma técnica ou tecnologia tem capacidade de desenvolver e enraizar virtudes e valores nos jovens. Do mesmo modo, a inserção cega de uma pessoa no universo das tecnologias pode gerar consequências altamente nefastas, como mostra Helena Kolody (1997) neste poema:

> MAQUINOMEM
>
> O homem esposou a máquina
> e gerou um híbrido estranho:
> um cronômetro no peito
> e um dínamo no crânio.

> As hemácias do seu sangue
> são redondos algarismos.
> Crescem cactos estatísticos
> em seus abstratos jardins.
>
> Exato planejamento
> a vida do maquinomem.
> Trepidam as engrenagens
> no esforço das realizações.
>
> Em seu íntimo ignorado,
> há uma estranha prisioneira,
> cujos os gritos estremecem
> a metálica estrutura.
> E há reflexos flamejantes
> de uma luz imponderável,
> que perturbam a frieza
> do blindado maquinomem.

Na sociedade brasileira, sofrendo há muito uma deterioração de natureza ética em várias das suas esferas, a inserção de objetivos educacionais voltados às condutas e atitudes do alunado torna-se imprescindível e urgente. Ao mesmo tempo, ao considerar que a escola não é um organismo desligado ou apartado da sociedade, é necessário verificar se ela própria (a escola) não foi negativamente afetada em sua dimensão ética, fornecendo exemplos perniciosos em termos de trabalho e de testemunhos docentes em sala de aula ou dentro da organização escolar como um todo.

Lamentavelmente, a orientação para o conhecimento e desenvolvimento de valores vem sendo confundida com o processo de disciplinação dos jovens. Em vez de tomar a própria disciplina como uma virtude, capaz de levar o aluno ao equilíbrio entre os polos da autoridade e da liberdade, muitos professores assumem esse conceito como sinônimo de obediência cega e dócil à ordem estabelecida ou como silêncio ou indiferença – tipo cale a boca – diante do poder encarnado em diferentes instâncias da sociedade.

É interessante observar que as vertentes da ética e da moral por meio do ensino são expectativas presentes no imaginário de qualquer família. Quer dizer: os pais dos estudantes esperam que os professores atuem positivamente na formação do caráter, da conduta e personalidade da criança, tendo no horizonte um equilíbrio entre as dimensões cognitiva, afetiva e ética do cidadão. Daí, mais uma vez, a necessidade de o coletivo escolar refletir criticamente sobre o quadro de valores (responsabilidade, solidariedade, felicidade, democracia etc.), inseri-los organizadamente no projeto pedagógico da instituição e dinamizá-los por meio de vivências curriculares concretas.

A formação para o exercício da cidadania exige o resgate e a prática da ética e da moral dentro dos ambientes de escolarização. Desde seu dirigente maior até os funcionários de apoio, o compromisso com a verdade, o combate contínuo aos mecanismos de alienação e de opressão, a experiência com direitos e deveres, entre outros, constituem um grande espelho para o desenvolvimento das virtudes humanas por parte dos estudantes.

3. Pescar é integrar-se à natureza

> *Nenhum ser humano, não importa o tamanho da sua grandiosidade, jamais teve a mesma liberdade de um peixe.*
> John Ruskin (1880)

Desde os tempos mais remotos, a natureza tem sido tomada como o reino da liberdade. Isso ocorre sob dois aspectos fundamentais. O primeiro diz respeito aos próprios movimentos naturais de autorregulação, que independem de quaisquer elementos externos para ocorrerem. O segundo está voltado à calma inerente aos seus cenários, fazendo que os homens a ela retornem constantemente, movidos que são pelo desejo de paz e tranquilidade.

Não resta dúvida que as visitas aos ambientes naturais, desde que preservados, podem produzir revitalização das energias humanas. A natureza cura. A natureza rejuvenesce. A natureza aquece e renova o sentido da liberdade.

Dentre as simbologias atribuídas aos peixes, cabe aqui destacar as de felicidade, tranquilidade e mistério. Portanto, no ato de pescar e posteriormente soltar, os pescadores têm a chance de também vivificarem a tranquilidade interior, a felicidade de estar junto à natureza e se indagarem sobre os mistérios do Universo.

Sentados no banco de um barco ou na barranca de um rio ou numa lancha sobre o mar, esperando pelos sinais dos peixes nos seus anzóis, os pescadores nada mais são do que minúsculos elementos encaixados no cenário do mundo natural. E, ali, fazem vibrar dentro de si um conjunto diversificado de sentimentos e emoções – daí se dizer que os homens, quando pescam, procuram alguma coisa que está para muito além do próprio peixe ou do próprio rio.

Quem sabe Deus não seria um peixe? Como dizer?

4. Ser professor no Brasil: um tremendo desafio

Ser professor neste país deixou de ser uma honra para se transformar num verdadeiro sacrifício ou numa contínua tortura. São muitos os estudiosos a mostrarem que, sem a dignificação do trabalho docente, inexistem quaisquer possibilidades de transformação, para melhor, da escola e/ou do ensino formal.

A educação escolarizada vem sendo alçada à condição de panaceia para os graves problemas nacionais. Mas convém verificar se os planos lançados e outros já em andamento serão capazes de recolocar as escolas públicas nos seus devidos eixos, principalmente no que se refere ao chamado "trabalho de qualidade".

As bandeiras que movimentam esses planos enfatizam ideias relacionadas a um número maior de vagas nas escolas, participação comunitária, implantação de novas tecnologias e reformas de prédios escolares, deixando de fora o elemento básico e fundamental ao processo de mudança, ou seja, o próprio professor. Daí o surgimento da hipótese de que tais planos, de forma semelhante a outros produzidos nestas quatro últimas décadas, morrerão na praia ou terminarão em pizza. Pelo visto, talvez seja mesmo melhor pescar do que ensinar...

O aumento de vagas sem que os prédios escolares sejam aumentados e sem que um número maior de professores seja contratado pode levar a um aumento desproporcional de alunos por professor em sala de aula. Ensinar vinte e cinco alunos é diferente de ensinar cinquenta alunos de uma só vez. Classes superlotadas fazem que o rendimento docente e discente caia em termos de qualidade.

A participação comunitária pode ser considerada positiva, mas difícil de ser atingida em decorrência do esfacelamento das comunidades pelo capitalismo. Do mesmo modo, o próprio corporativismo administrativo-pedagógico faz os pais, na maioria das vezes, não tenham voz nem vez nos destinos da instituição escolar.

Novas tecnologias educacionais somente são produtivas no bojo de um amplo e contínuo investimento na esfera da atualização dos professores – investimento esse que sirva, pelo menos, para combater a tecnofobia ou as mentalidades que pararam no tempo em termos de didática e estruturação de propostas mais arejadas e significativas para o ensino-aprendizagem. Além disso, a própria administração escolar precisa ser reforçada com profissionais destes tempos, entre os quais especialistas em computação e informática, analistas de sistemas, bibliotecários escolares, contador, psicólogos, entre outros.

As recorrentes greves dos professores das nossas escolas públicas estaduais refletem o descaso dos governos em relação às reais necessidades do magistério. De fato, as atuais políticas e ações oriundas dos gabinetes parecem "desconfiar" de todos os profissionais da educação ou, o que é bem pior, punir generalizadamente todos os professores por um desleixo que está e sempre esteve dentro da própria esfera governamental. Houve e há quem diga que à ineficiência das escolas segue-se a continuidade dos que estão no poder e a manutenção do círculo vicioso nas coisas da educação. Uma pena!

Desse jeito, não sobra nenhum tempinho para uma boa pescaria. Dentro do círculo de carências em que está a escola, ao professor cabe somente trabalhar. E correr atrás do trabalho. E pular de um lugar para outro. E continuar trabalhando sempre, sem possibilidade de descanso nem lazer.

5. Síntese: Águas e escolas bombardeadas: pobres peixes, pobres alunos

O *Jornal Nacional* de ontem à noite (6 nov. 2000) trouxe cenas desastrosas da baía de São Salvador: pescadores utilizando bombas para conseguir uma quantidade maior de pescado. As consequências de tamanho crime chegavam a afetar, para pior, as condições dos prédios históricos, além de perturbar a paz das populações das adjacências. Além disso, muitos dos próprios pescadores perderam a vida ou partes do corpo ao manejar os explosivos.

A pesca predatória com dinamite é a mais covarde e a mais violenta em termos de agressão aos ecossistemas aquáticos. De fato, o estrondo age numa grande metragem quadrada, matando todos os peixes, independentemente de espécie ou tamanho. Enquanto a rede de pescar seleciona pelo tamanho da malha, a dinamite assassina indiscriminadamente, afetando até mesmo os processos de reprodução e de desova.

Tal qual o lucro do capitalismo neoliberal, o extrativismo brasileiro é uma coisa que não tem limites. Ainda que a "pesca" com dinamite seja proibida por lei, a fiscalização é baixa, inócua ou inexistente. Os predadores chegam até mesmo a aparecer na televisão dando depoimentos e argumentos os mais estapafúrdios a fim de justificar a ação criminosa contra a natureza.

Vale lembrar que em países mais avançados a pesca em águas interiores (rios, lagos e baías litorâneas) já cessou há muito tempo. Os peixes selvagens são reservados para o turismo de pesca – um salmão vivo do Alasca, por exemplo, gera mais divisas econômicas para o país quando ele permanece vivo para servir ao turismo da pesca. Peixes para corte devem ser desenvolvidos em criadouros, como tanques-rede e outros procedimentos existentes para a engorda em cativeiro.

Ao usar explosivos para aumentar a tonelagem de pescado, os ribeirinhos estão cavando sua própria sepultura em termos de sobrevivência. Ou seja: não enxergam o fato de que a sobrevivência dos peixes significa a própria possibilidade de extrair peixes das águas. Do mesmo modo, a ação predatória diminui os estoques e, pior, bloqueia o desenvolvimento natural dos peixes. Em verdade, cada explosão dinamita e apaga o horizonte de futuro dos próprios pescadores.

Espaço de Arejamento 2:
Curiosidades e risadas ou muito choro

1. Curiosidades pesqueiras

a) Chuva de peixes

Em vários pontos do nosso planeta já ocorreu de não chover água ou pedra, mas peixes... O barulho dos "bichos" batendo nos telhados deve ter apavorado muitos moradores!

Em 1992, na cidade litorânea de Ioro (Honduras), sardinhas vivas caíram do céu aos milhares. Muitas pessoas interpretaram o fato como um novo milagre da multiplicação dos peixes.

Ipswich, uma cidade australiana localizada a 40 quilômetros da costa, foi premiada com uma verdadeira tempestade de sardinhas nos idos de 1989. No dia dessa misteriosa chuva, houve uma festança geral, com muita gente passando longe dos supermercados da região. Várias pessoas, principalmente as amantes de *snooker*, levaram panelas para as ruas a fim de encaçapar os peixes.

Anchovas, em 1984, despencaram do céu na região de São Diego, costa oeste dos Estados Unidos.

Como explicar esse fenômeno? Para vários cientistas, redemoinhos de vento sugam os cardumes da superfície dos mares e fazem o transporte aéreo para lugares distantes, localizados até 50 quilômetros do ponto de sucção.

Quando o turista for visitar os locais aqui mencionados, é bom que leve um capacete por precaução. Anchova na cabeça, caindo lá de cima, deve doer pra burro. Isso sem considerar aqueles peixes com ferrões!

b) Bate-bunda ou trombombó

Na pescaria de trombombó o que vale mesmo não é o tamanho da vara nem o comprimento da linhada, mas uma resistente bunda para aguentar os trancos...

Vivenciei esse tipo de pescaria no Rio Grande, região de Barretos (SP), em 1965. É uma daquelas experiências inesquecíveis da vida de um pescador, merecendo gaveta especial no baú da nossa memória.

A origem do trombombó deve ser buscada entre as tribos indígenas brasileiras. O nome é uma variante de "promombó", do tupi "piramõ'bó", que significa "peixe salta".

Com sua sabedoria, os índios tupis, nossos ancestrais, ao navegarem à noite rio abaixo, acendiam uma pequena fogueira na parte central das suas pirogas. Isso fazia que os peixes se sentissem atraídos pela luz e saltassem para dentro da embarcação.

O trombombó me foi ensinado por Décio Galvão, morador da cidade de Barretos (SP). Ele possuía um lindo rancho numa ilha do Rio Grande, hoje lamentavelmente inundado pela hidrelétrica construída nas adjacências.

No terceiro dia de pesca, caiu uma chuva torrencial. A água mudara de cor, passando de cinza-claro para um marrom pardacento. Foi quando o Décio avisou-me para preparar e massagear bastante o bumbum porque à noitinha íamos sair para uma batida de trombombó. Disse ele maliciosamente:

– Como você é de Campinas, não vai ter muita dificuldade nesse tipo de pescaria...

Uma rede retangular de malha fina foi levantada e esticada numa das laterais do barco. Para a proa seguiu o Márcio, filho do Décio, a fim de jogar fachos de farol siribim nos poços adjacentes aos barrancos.

Na escuridão, o barco se aproxima vagarosa e silenciosamente das margens do rio. Em mecanismo de fina sintonia, liga-se a luz do siribim, foca-se as águas do pé do barranco e acelera-se à toda o motor de popa.

A função dos "pescadores", geralmente em número de quatro, sentados, é bater fortemente a bunda nos bancos do barco. Com aquele barulhão e não podendo subir o barranco, os peixes saltam em direção ao meio do rio, exatamente onde se coloca o barco com a rede esticada.

É peixe pulando para todo lado! Uma verdadeira cena de pugilismo: lambada de curimbatá, tapa de rabo de piava, direto no queijo de tambiú, gancho de tabarana e assim por diante.

Na manhã seguinte, todo mundo reclamava da dor nos traseiros...

c) Desculpas esfarrapadas de pescador

Em casa, depois da pescaria, dialogando com a esposa:

– Imagine, meu bem, que os peixes só apareceram no último dia da pescaria... foram dez dias iniciais de puras vacas magras; por isso, resolvemos estender a temporada da caravana para mais quinze dias...

– Por que demorei tanto pra voltar? Um bicho esquisito me picou na beira do rio. As minhas duas pernas ficaram tão inchadas que eu nem podia caminhar. Os meus amigos foram superssolidários comigo, permanecendo do meu lado todos estes dias a mais lá no acampamento.

— Espero que você não fique muito brava em limpar os peixes. Se quisesse trazer peixe limpo, eu teria que pagar mais 50 reais. Como eu já havia desembolsado 2.400 reais pra pagar a viagem, resolvi pedir esse favorzinho a você e fazer a economia. Veja: são só 30 quilos de peixe, dos miudinhos.

— Estava com uma saudade doida de você e das crianças. Tanta saudade que amanhã cedinho vou levar todo mundo pra pescar num pesque-pague que foi recentemente inaugurado na cidade.

Em cima do barco, enfrentando a polícia florestal:

— Na correria eu deixei a licença de pesca lá em casa. Assim que eu voltar, eu passo um fax para o senhor.

— Eu? Pescando? Que nada! Eu estava nadando aí no rio quando me enrosquei neste equipamento que estou segurando. Estou só testando a carretilha para ver se ainda funciona.

— Emprestei essa licença do meu cunhado, pois ele só vem pescar no semestre que vem. Como? Não é transferível?

— Essa tarrafa aí no canto do barco não é da gente não! Tomamos a danada de dois sujeitos que estavam tarrafeando rio acima. Pode crer, estamos ajudando o Ibama a acabar com os infratores!

d) O lado machista dos peixes

Tirando a sorte e equilibrando as habilidades, quem pega mais peixes numa pescaria: o homem ou a mulher?

Peter Behan, neurologista clínico da Universidade de Glasgow, observa que os peixes são atraídos por vários hormônios femininos. Suas descobertas aparecem no livro *Salmão e mulheres: o ângulo feminino*, publicado em 1987 (leia no original: *Salmon and women: the feminine angle*. London: Trafalgar Square, 1991).

Além disso, em 1952, dois cientistas canadenses revelaram que o corpo humano produz um aminoácido chamando serina, que é captado pelo olfato dos peixes.

O homem produz uma quantidade bem maior de serina do que as mulheres. Além disso, essa quantidade varia de homem para homem, o que talvez possa explicar os porquês das diferenças entre a quantidade de pescado entre dois pescadores sentados um ao lado do outro numa pescaria.

O fato é que os peixes detestam o cheiro desse aminoácido. Ao iscar um anzol ou lavar as mãos na água, os homens espalham o cheiro da serina, o que faz que os peixes fujam do local onde eles estão pescando.

Como este é um fato científico, recomenda-se:

– Que os pescadores, de agora em diante, levem as suas esposas para as pescarias de modo a atrair os cardumes;

– Que os pescadores tomem vigorosas duchas e passem bons desodorantes, antes de seguirem para a beira do rio;

– Que os homens contratem piloteiros do sexo feminino, com o propósito de banhar-se – preferencialmente peladas – ao lado do barco e colocar as iscas nos anzóis;

– Que os pescadores assumam de vez a sua inferioridade, fiquem em casa vendo televisão e implorem às esposas para irem pescar e, dessa forma, garantirem as refeições da semana.

e) Simpatia psicológica: será verdade?

Um dos maiores mistérios na esfera da pesca esportiva relaciona-se com o princípio do fenômeno chamado *simpatia psicológica*.

Na Antiguidade, os gregos já tinham se convencido de que há um vínculo ou um laço de simpatia ou um nó misterioso que aproxima e une todos os seres vivos.

O princípio da simpatia psicológica representa exatamente essa atração entre dois seres. Nesse caso, o pescador e o peixe. Essa simpatia é capaz de unir, fazer interagir ou produzir reações recíprocas entre duas espécies diferentes de animais, racionais ou irracionais.

Essa teoria ainda diz que o peixe tende a imitar as características do pescador. LUCE, observando por mais de 50 anos o comportamento dos pescadores de truta, afirma que

> [...] um pescador dorminhoco raramente fisga uma truta; [...] se o pescador demonstrar estar com sono, provavelmente os peixes vão

demonstrar o mesmo. Dentro de certos limites, condições que nos desanimam, desanimam os peixes também. Condições que nos estimulam, estimulam os peixes também. Se o pescador se sentir feliz [...] os peixes se sentem igualmente felizes; se o pescador estiver cansado, os peixes vão estar cansados também. Todos os elementos "conspiram entre si"; eles compartilham da mesma atmosfera de vida (Arthur Aston Luce, *Fishing and thinking*. Maine: Ragged Mountain Press, 1993. p. 13).

O grande filósofo Thoreau já dizia que "muitos homens vão pescar durante uma vida toda sem saber que aquilo que procuram não é exatamente o peixe". No centro desse pensamento talvez possa ser colocado o princípio da simpatia psicológica – princípio que movimenta a eterna curiosidade pelos mistérios desta nossa vida.

2. Curiosidades educacionais

a) Saúde dos professores: frangalho quase total!

Em 2003, durante o XIX Congresso, a Apeoesp realizou pesquisa sobre as condições de trabalho e as consequências à saúde dos professores das escolas públicas estaduais de São Paulo. Um universo significativo de professores respondeu questões relacionadas aos seus ambientes de trabalho, acidentes de trabalho, condições das escolas e, o mais importante, a sua saúde (física e mental). Quem quiser ver o estudo inteiro, o que é muito recomendável para a uma tomada de consciência das muitas barbaridades e sem-vergonhices do Brasil, visite o link <http://www.apeoesp.org.br/especiais/saude professor.htm> (pesquisa feita em 20 maio 2006). Merece mesmo ser navegado lentamente para perceber a vida lamentável que nós, educadores, levamos. E isso vem acontecendo no estado que, segundo consta, é um dos melhorzinhos do país; caberia replicar a pesquisa em outros estados para ver, muito provavelmente, cenários talvez ainda mais tristonhos. Um quadro que fala por si é exatamente este:

Diagnóstico confirmado

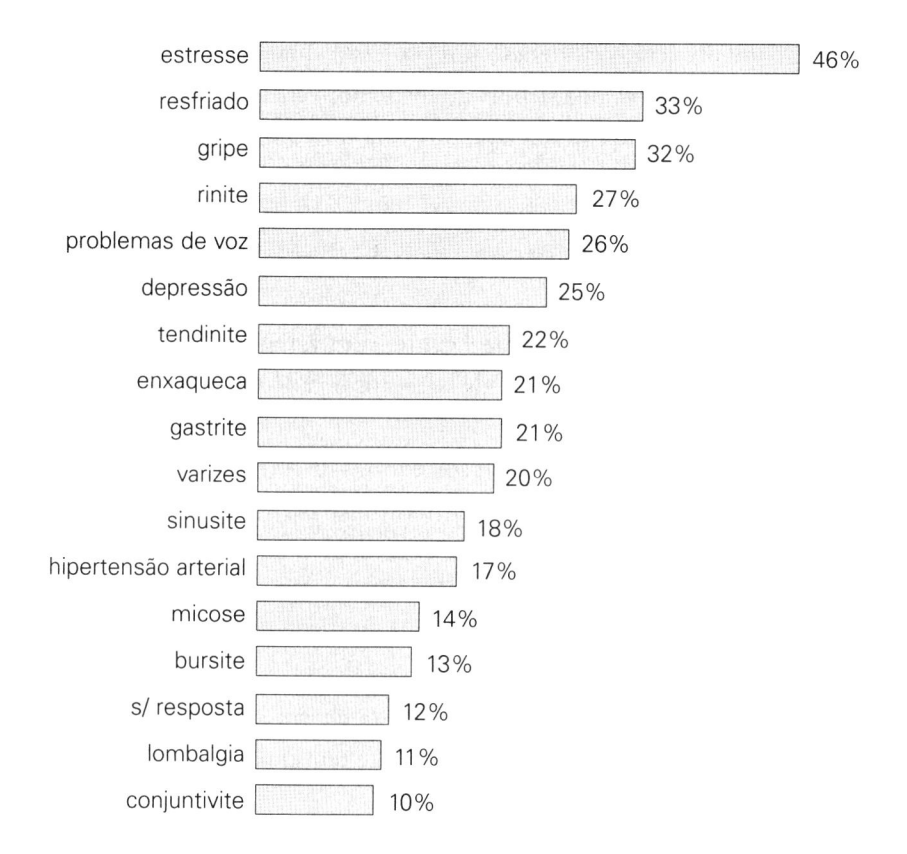

estresse	46%
resfriado	33%
gripe	32%
rinite	27%
problemas de voz	26%
depressão	25%
tendinite	22%
enxaqueca	21%
gastrite	21%
varizes	20%
sinusite	18%
hipertensão arterial	17%
micose	14%
bursite	13%
s/ resposta	12%
lombalgia	11%
conjuntivite	10%

Ressaltam os pesquisadores que 46% dos professores declararam "diagnóstico confirmado" de estresse.

Entre as mulheres o percentual sobe para 51% (aqui, uma desgraça, e não uma "boa ideia"...).

Temos assim que a classe dos professores sofre de:
estresse, resfriado, gripe, rinite, faringite, depressão, tendinite, enxaqueca, gastrite, varizes, sinusite, hipertensão arterial, micose, lombalgia e conjuntivite.

Dito e visto isso, somente cabe uma lembrança aos professores:
– Tá nervoso? Vá pescar, cara!

b) Identidade do professor

Você somente será considerado um professor quando:

... nos primeiros de aula depois de formado, verificar que pouco – ou absolutamente nada – daquilo que aprendeu na universidade serve para realizar o ensino junto a alunos de carne e osso;

... nunca mais ler um livro inteiro, de cabo a rabo, porque, correndo de escola para escola, de sala para sala, não lhe sobra um minuto para esse tipo de privilégio na vida;

... começar a se esquecer de que é gente, com várias necessidades físicas e psicológicas, entre as quais a de descansar adequadamente depois das aulas;

... acordar correndo, tomar café correndo, sair correndo de casa, pegar o carro correndo, dirigir correndo pelas ruas, ficar correndo em círculo nos arredores da escola para achar uma vaga, estacionar o carro correndo, entrar correndo na escola, vestir o jaleco correndo, tomar um cafezinho correndo, ir correndo ao banheiro, dar aula correndo, avaliar correndo, desviar-se correndo dos alunos e sair correndo para a outra escola;

... constatar que o seu salário não dá para chegar até o dia 20 de cada mês e que você começa a tremer na hora em que tem que preencher um cheque depois dessa data;

... sentir-se como o homem dos sete instrumentos em razão de outras tarefas enfiadas goela abaixo em você: bibliotecário, cozinheiro, técnico em informática, psicólogo ou psicanalista, especialista em todas as necessidades especiais, faxineiro, nutricionista, pai ou mãe, camelô, organizador de festas, fotógrafo, digitador, impressor e, finalmente, professor, "se der";

... apresentar sérias dificuldades para escrever qualquer tipo de texto, a não ser a transcrição de conceitos em tiras ou o preenchimento esquemático de diários de classe;

... tomar antidepressivos para ver se consegue dormir um pouco;

... tiver uma pilha de livros gostosos para ler em casa, mas jamais encontrar uma brecha para nem sequer folheá-los;

... odiar – e carregar o desejo oculto e contínuo de querer matar – o diretor e os demais professores da sua escola;

... esquecer de vez como se faz um plano de aula, de unidade e/ou de curso, e deixar que o livro didático fale por você;

... nem ver que lhe chegou uma ruga no rosto e algumas varizes nas pernas;

... sublimar de vez aquele sonho que você tinha de visitar a Europa; e

... nunca ter tempo para ir pescar!

c) A professora e o aluno superdotado

– Joãozinho qual é o seu problema?

– Sou muito inteligente para estar no primeiro ano. Minha irmã está no terceiro ano e eu sou mais inteligente do que ela. Eu quero ir para o terceiro ano também!

A professora, vendo que não vai conseguir resolver este problema, manda o João para a diretoria. Enquanto o Joãozinho espera na antessala, a professora explica a situação ao diretor. O diretor então diz para a professora que vai fazer um teste com o garoto. Como é certo que ele não vai conseguir responder a todas as perguntas, permanecerá no primeiro ano mesmo. A professora concorda. Chama o Joãozinho e explica que ele vai ter que passar por um teste. O menino aceita. O diretor pergunta para o Joãozinho:

– Joãozinho, quanto é três vezes três?

– Nove.

– E quanto é seis vezes seis?

– Trinta e seis.

O diretor continua com uma longa bateria de perguntas que um aluno do terceiro ano deve saber responder. Joãozinho não comete erro nenhum. O diretor então diz para a professora:

– Acho que temos mesmo que colocar o Joãozinho no terceiro ano.

A professora, muito brava e frustrada por ter sido desafiada, diz:

– Posso fazer algumas perguntas também?

O diretor e o Joãozinho concordam. A professora pergunta:

– O que é que a vaca tem quatro e eu só tenho duas?

Joãozinho pensa um instante e responde:

– Pernas.

Ela faz outra pergunta:

– O que é que há nas suas calças que não há nas minhas?

O diretor arregala os olhos, mas não tem tempo de interromper...

– Bolsos – responde o Joãozinho.

– Mais uma: o que é que entra na frente na mulher e que só pode entrar atrás no homem?

Estupefato com os questionamentos, o diretor prende a respiração...

– A letra "eme" – responde o garoto.

A professora, já meio descabelada, continua com a sua arguição:

– Onde é que a mulher tem o cabelo mais enroladinho?

– Na África – responde Joãozinho de primeira.

E continua:

– O que é que entra duro e sai mole pingando?

O diretor apavorado. E o Joãozinho responde:

– O macarrão na panela.

E a professora, cada vez mais brava, berra bem alto:

– O que é que começa com "bê", tem "cê" no meio, termina com "a" e para ser usada é preciso abrir as pernas?

O professor fica paralisado. E o Joãozinho responde:

– A bicicleta.

E a professora, trêmula, continua:

– Qual o monossílabo tônico que começa com a letra "cê" termina com a letra "U" e ora está sujo ora está limpo?

O diretor começa a suar frio.

– O céu, professora.

– O que é que começa com "cê" tem duas letras, um buraco no meio e eu já dei para várias pessoas?

– CD.

Não mais se contendo, o diretor interrompe, respira aliviado e diz para a professora:

– Puta que pariu, bota esse moleque como diretor, pois eu mesmo errei todas as perguntas da professora.

d) Azar da professora

Havia três garotos que queriam agradar à nova professora, recém-chegada à escola. Todos eles decidiram trazer um presente para ela.

O primeiro garoto deu uma caixa para a professora. Ela balançou a caixa e depois a cheirou. Ela sabia que o pai do garoto trabalhava numa fábrica de doces e perguntou ao garoto se era um doce.

O garoto disse que sim.

O segundo garoto entregou à professora a caixa que trazia. Ela balançou a caixa e a cheirou. Ela sabia que o pai do garoto era floricultor. Ela perguntou se eram flores.

O garoto respondeu que sim.

O último garoto passou a sua caixa de presentes à professora; ela sabia que o pai dele trabalhava numa adega. Ela perguntou se era vinho.

O garoto disse que não.

– É vodca?

O garoto disse que não.

Ela balançou a caixa e começou a vazar um líquido.

A professora decidiu degustar o que estava vazando.

– Não deu pra saber o que é? – perguntou a professora.

E o garoto respondeu:

– É um filhotinho da cachorra lá de casa...

Capítulo 3

Por Dentro do Universo da Pesca Esportiva: para o Professor Aprender a Pescar (Enquanto é Tempo)

1. Comunhão Com a Natureza

> *O impulso básico do pescador esportivo é o de fazer um casamento com a natureza; é com esse objetivo em mente que ele a observa minuciosamente.*
> John McDonald (1972)

Há muitos significados para a palavra "pescar" e há várias concepções de "pescaria" na mente das pessoas. A multiplicidade e a variação semânticas são positivas na medida em que permite o confronto democrático de posicionamentos, o debate produtivo de ideias e, o mais importante, o refinamento dos pontos de vista em relação às várias modalidades de pesca.

O que não varia em pesca esportiva é a necessidade de preservação e de conservação da natureza de modo que, pelas relações dinâmicas entre a flora, a fauna e os seres humanos, os cardumes de peixes não corram perigo de diminuição ou de extinção. De fato, sem os peixes para proporcionar confrontos e aventuras, a pesca esportiva perde a sua vitalidade, a sua possibilidade, a sua razão de ser.

As reflexões sobre o meio ambiente a partir da ECO-92 chamam a atenção dos homens para o desenvolvimento de uma consciência ecológica, capaz de evitar desastres aos múltiplos ecossistemas da Terra. Hoje, por exemplo, nos currículos das escolas brasileiras de Ensino Fundamental, o assunto "meio ambiente" é alçado à condição de "tema transversal", integrando estudos interdisciplinares para o aprofundamento de questões e desenvolvimento da consciência cidadã.

As discussões e os respectivos discursos evoluíram muito, mas, no Brasil, ainda há um longo caminho a percorrer para: (a) recuperar aquilo que já foi depredado (veja o caso do rio Taquari (MS), hoje totalmente assoreado em decorrência dos descuidos humanos); (b) preservar as regiões pesqueiras ainda intactas (veja o caso do rio São Benedito (PA), em que as pousadas se uniram para preservar os cardumes de peixes selvagens para a promoção do turismo de pesca exclusivamente); (c) tornar a legislação e fiscalização mais rigorosas para evitar catástrofes ecológicas no presente e no futuro; e (d) promover campanhas e atualizações contínuas para que a própria população defenda a natureza em todos os quadrantes do país.

Os professores podem, sem dúvida, prestar uma grande colaboração na operacionalização dessas metas. Os rios e os peixes agradecem!

2. Pesca esportiva: beleza e liberdade

> *A pesca esportiva nos torna menos reféns*
> *dos horrores da existência humana.*
> Jim Harrison (1978)

Um dos grandes benefícios da pesca esportiva é que ela invariavelmente nos põe a refletir, a passar a limpo as nossas percepções sobre o mundo e sobre as pessoas que nos são próximas.

De repente, no movimento de arremessar e recolher a isca (natural, artificial ou *fly*) ou na pesca de espera, vamos revirando maneiras de pensar, ser e existir. Há quem diga que pescar é revigorar a virtude da liberdade e, cá entre nós, essa ideia é bastante coerente.

A liberdade subjacente à pesca esportiva não reside apenas na possibilidade de cavarmos fundo as contradições presentes na sociedade, mas também a de renovarmos essa virtude por meio da soltura dos peixes. Aos vê-los nadar livremente na água, vamos, por comparação, sentindo que todos nós, seres humanos, também podemos viver com mais liberdade neste mundo.

A ética trata de questões como felicidade, beleza, justiça... Cremos que a pesca esportiva, assumida eticamente, tem muito de tudo isso; praticando-a, podemos tornar a existência humana bem melhor.

Quem pesca desportivamente sente e sabe dessas coisas, mas é sempre bom reiterar e repetir as virtudes de modo que o círculo de pescadores com uma mentalidade do pescar e soltar aumente cada vez mais.

3. Pesca esportiva: a aprendizagem é importante sim!!!

Um homem pode pescar com a minhoca que comeu um rei,
e pode [esse homem] comer o peixe que se alimentou daquela minhoca.
William Shakespeare (1600)

A pesca esportiva, praticada dentro dos seus verdadeiros fundamentos, faz que o pescador descubra uma série de relações sobre a dinâmica incessante da natureza. E faz isso em todas as fases de uma pescaria, do planejamento inicial aos diferentes relatos que surgem nos momentos posteriores às aventuras em si.

Pense, por exemplo, na arrumação da tralha para a realização de uma pescaria num determinado lugar. A separação das iscas artificiais já evidencia uma relação importantíssima entre equipamento e os principais peixes desse lugar – aqui, além dos critérios de previsão, são acionados pré-raciocínios sofisticadíssimos no horizonte da adequação entre a teoria e a prática.

A leitura dos cenários e das águas no momento dos arremessos para buscar os peixes também conduz ao estabelecimento de relações sofisticadas. O método da tentativa e erro não fica descartado, porém conhecimentos decorrentes de aprendizagens podem ajudar e até se tornarem vitais em certas situações de pesca.

Por considerar que essas relações são importantes e capazes de promover uma formação mais redonda e completa dos pescadores-cidadãos, muitos cursos e/ou pescadores experientes vêm ministrando cursos que diminuem o efeito exclusivo dos fatores como "fé e sorte" nas diferentes modalidades de pesca esportiva.

Quando a fé, o acaso e a sorte se unem dinamicamente a aprendizagens bem fundamentadas, as chances de real emoção e de sucesso são bem maiores em qualquer aventura de pesca!

4. Todo pescador é um artista

A pesca esportiva é, de certa maneira, como a poesia:
os homens nascem predestinados a ela.
Izaak Walton (1653)

O universo da pesca sempre alimentou a fantasia dos artistas. Romancistas, poetas, fotógrafos, pintores, cineastas, escultores, entre outros, vêm, através dos tempos, produzindo artefatos que dinamizam a imaginação de todos os povos.

Tome-se a obra *Moby Dick*, por exemplo. Esse clássico da literatura, escrito pelo norte-americano Herman Melville e primeiramente publicado em 1851, está cravado no inconsciente coletivo universal, sendo revigorado no movimento contínuo da história; ou então *O velho e o mar*, de Ernest Hemingway – este *best-seller* também atravessa os túneis do tempo, sendo reinterpretado pelas novas gerações em razão dos valores universais ali contidos.

O fato é que a pesca, enquanto prática de natureza subsistencial ou desportiva, abre vigorosos caminhos para a produção, difusão e circulação da arte. Quem, por exemplo, não vê nascer diante dos próprios olhos o mundo maravilhoso dos jangadeiros, a uma simples menção das palavras? Prova de que o compositor baiano Dorival Caymmi soube tirar das regiões pesqueiras, das práticas dos jangadeiros da Bahia, o material para produzir arte da mais alta qualidade. "Minha jangada vai sair pro mar..." – a letra chama imediatamente a música na nossa consciência.

Mas não são somente os artistas que estão fadados a comunicar as belezas da pesca. Poeta também é aquele pescador que reconta uma história que viveu ou ouviu numa pescaria. Poeta também é aquele pescador que, não se sabe como, conseguiu fazer um inesquecível registro fotográfico durante uma pescaria. Poeta também é aquele pescador que viu e sentiu as cores que compõem o corpo esbelto dos peixes.

Poeta, enfim, também é aquele que se despojou de hábitos mentais cristalizados para se sentir uma parte integrante da natureza. Isso porque a natureza, no fundo, nada mais é do que pura poesia (e das melhores!).

5. A estética do pescar & soltar

> *Eu devolvi o peixe ao rio [...]: encorpado, com o rabo para cima, uma criatura prateada com listras escuras nos dois lados, bufando ritmadamente devido à exaustão da luta e saindo da minha mão em direção ao fundo.*
> John Graves (1921)

Cresce, de maneira acelerada, a consciência da filosofia do pescar & soltar nas diferentes regiões pesqueiras do Brasil. Governantes, autoridades, proprietários de pousadas ou barcos e, mais recentemente, as ONGs abraçam essa grande causa em defesa da preservação dos nossos peixes selvagens.

Sempre é interessante lembrar que, na essência do internacionalmente conhecido *catch and release* (pesque & solte), assenta-se uma ética e uma estética. Quer dizer: o pescador, por meio do ato de soltar, louva o direito à liberdade, depois de ter obtido o prazer através do embate com os peixes. É certo que nesse nível residem os valores relacionados ao *fair-play*, com o uso de equipamentos e técnicas que permitam o equilíbrio das forças (do pescador e dos peixes).

Ao despojamento do pescador une-se a dimensão estética do ato de soltar. Ou seja: há uma beleza muito especial no ato de segurar o peixe, prestar ajuda solidária na recuperação de suas forças e depois abrir as mãos, construindo o caminho para o retorno seguro ao seu hábitat nos misteriosos fundos das águas.

Esse momento, indescritível em termos de sentimento interior, pode e deve ser registrado pelas câmeras de fotografia e de filmagem da pescaria – isso porque uma das vertentes mais bonitas da pesca esportiva reside exatamente no "abrir as mãos" e dar liberdade àqueles que nos proporcionaram um aumento do universo da memória bem como, muito possivelmente, produção de mais uma linda aventura para contar.

6. Da necessidade de tolerância em pesca

Se você quiser ser feliz por uma hora, encha a cara.
Se você quiser ser feliz por três dias, case-se.
Se você quiser ser feliz por oito dias, mate uma leitoa e coma.
Se você quiser ser feliz para sempre, aprenda a pescar.
Provérbio chinês

Às vezes você pega peixe; à vezes, não. É essa a realidade. Pratique a pesca por algum tempo na sua vida e você verá que a realidade é exatamente essa. Em certas ocasiões, pescamos tantos peixes cujas fisgadas chegam a adormecer os nossos braços e mãos; em outras, ficamos longamente nos movimentando de um lugar para outro, sem que nenhum peixe dê o ar da graça.

Às vezes você se diverte; às vezes, não. E ainda que a diversão seja uma parte importante da vida, a natureza nem sempre responde com aquilo que mais queremos enquanto pescadores, ou seja, com fartura de peixes para nos fazer a festa.

Resulta daí que a pesca, como lazer e diversão, não pode significar apenas e unicamente "pegar peixes". O conceito deve ser ampliado, atingindo o de "convivência e integração com a natureza", tendo a virtude da tolerância como condutora de todas as nossas atitudes ao longo das nossas aventuras de pesca.

E a tolerância deve ser tomada como um valor ou uma virtude adiante das inconstâncias da vida. Assumindo essas inconstâncias, estaremos nos preparando para enfrentar um pouco mais condignamente nosso destino, nosso fado em termos de existência nestas esferas, de seres para a morte.

O importante é saber engolir a seco, enfrentar objetivamente a realidade quando as coisas "não querem", evitando apelar para soluções escabrosas e prejudiciais aos ecossistemas – assim agem aqueles pescadores que, não tendo a fartura desejada numa pescaria, apelam para espinhéis, tarrafas, redes e/ou anzóis de galho numa pescaria. Há também quem use bombas para uma matança generalizada de peixes numa determinada área. Tristes caminhos esses...

Espaço de Arejamento 3: Causos de Pescador

a) O voo da cerejeira

> 1º lugar – 1º Concurso Nacional de Causos de Pescador
> Realização do site *Pescarte*, 2004.
>
> Sobre o autor: FERNANDO LUCILHA JÚNIOR, nascido em Piratininga (SP), próximo a Bauru, em 23 de maio de 1947. "Sou aposentado do Banespa desde 1995, tenho três filhos maravilhosos (duas moças e um rapaz) Luciana, Juliana e Fernando, além do Miguel, meu primeiro neto com dois aninhos. Sou corintiano apaixonado. Entre as minhas diversões, que são escrever causos e estórias de pesca, contar piadas, fazer trocadilhos, cantar e batucar (toco timba), destaca-se a minha paixão pela pesca. Infelizmente minhas incursões pelo Pantanal ficaram reduzidas pela inviabilidade econômica. Sempre que posso, vou a pesqueiros da cidade de Bauru, onde moro. Adoro pescar e viver o clima dos rios onde correm soltos a aventura e o contato com a natureza."

Dizem que um pescador que se preza não mente, mas, sim, inventa "verdades".

De volta de mais uma pescaria, que não foi lá "essas coisas", trago na memória uma aventura vivida e, diga-se de passagem, inesquecível. Antes, devo justificar meu enunciado de que a pesca não foi lá "essas coisas", pois não presenciamos a fartura de peixes que o local visitado prometera. Entretanto, podemos afirmar com toda convicção que "mais vale um mau dia de pesca do que um bom dia de trabalho". Coisas de pescador...

Sem mais demora, vejam o que aconteceu... Estávamos numa "turminha" de fazer gosto, aliás, os amigos de sempre: Sidney, meu piloteiro preferido; Cirineu, o melhor cozinheiro do mundo; e Neguitinho, bom de bola e de pesca. Não posso me esquecer do Helião, bom companheiro e dono de um imenso barco, pra ninguém botar defeito.

O rancho, localizado às margens do rio Aquidauana, é um cenário de infinita beleza. Árvores frondosas cobrem a confortável casa de alvenaria, propiciando uma bela sombra ao longo do rio, no terreno daquela propriedade. No fundo do rancho, a mais ou menos dez metros da casa, passam os trilhos da antiga NOB (Estrada de Ferro Noroeste do Brasil), hoje denominada Novoeste.

Um pouco mais além, do solo úmido e enfeitado pelas plantas nativas, se erguem as rochas rosadas da Serra de Maracaju, completando a beleza do local. Como se tudo isto não bastasse, ao redor da casa há um magnífico pomar, onde se pode degustar, ao pé das árvores e sem muito esforço, deliciosas acerolas, pitangas, goiabas, jabuticabas, carambolas e cerejas. E ainda há quem diga que o "paraíso" não existe. Dá uma chegadinha lá pra ver...

Bem, e a pescaria? Sofrível! Peixe, nem pra remédio! Que remédio, não? Diante das circunstâncias, o jeito era apreciar o esplendor da natureza, ouvir o cantar dos pássaros multicolores e, ainda por cima, tomar uma cerveja bem gelada.

No dia seguinte, pela manhã, conversando com o privilegiado dono do local paradisíaco, senhor Valdecir, percebi a sua aparente irritação. Embora aquele simpático pescador nos acolhera com muita atenção, estava ele com cara de poucos amigos pra não dizer furioso mesmo! Confessou-me, quase às lágrimas, que uma grande quantidade de pássaros, atraídos pelas frutas do pomar, estava causando danos imensos, destruindo quase toda a produção das várias árvores frutíferas do rancho. Apontou, entristecido, para um arbusto com aproximadamente um metro e meio de altura, uma pequena cerejeira ainda em crescimento, porém repleta de vermelhas e reluzentes cerejas. Disse-me que já havia feito de tudo para espantar os pássaros, infelizmente sem bons resultados.

No meio de nossa conversa, olhando para a pequena árvore, percebi que alguns passarinhos pousavam suavemente em seus finos galhos para saborear, com frenéticas e repetidas bicadas, as deliciosas e maduras cerejas.

– É assim o dia todo e à noite também! – vociferou o pobre e desconsolado Valdecir.

– Tive uma ideia! – respondi em seguida. – Você tem alguma cola aqui no rancho? Vamos passá-la nos pequenos galhos da cerejeira ao cair da tarde e aposto que, logo mais à noitinha, teremos uma grande passarada presa pela cola, sem poder voar.

– Será mesmo? – duvidou, com um olhar descrente, o Valdecir.

– Com certeza! – respondi. – Se tudo der certo, apanharemos os pássaros e vamos soltá-los bem longe daqui!

Fizemos o serviço combinado. Logo após o jantar, sorrateiramente abrimos a janela do quarto com vista para o quintal e, com auxílio de uma lanterna, vislumbramos dezenas de pássaros que se debatiam, tentando inutilmente voar, pois ficaram "coladinhos", com suas pequenas garras envolvendo os galhos do arbusto. Num impulso natural, Valdecir já ia correndo para o pomar.

– Espere! – gritei, segurando-o pelo braço. – Vamos aguardar até o amanhecer e teremos centenas deles grudados, você não acha? – Valdecir concordou.

A quietude da noite e o cansaço nos trouxeram o sono. Já era madrugada quando acordamos com um farfalhar intenso, uma tremenda zoada, lembrando um arrastar de folhas ou coisa parecida! Que bela surpresa!

Quando abrimos a janela, vimos, boquiabertos e quase sem acreditar, a pequena cerejeira em plena ascensão ao céu, carregada por milhares de pássaros que, grudados nos seus galhos, conseguiram arrancá-la com raízes e tudo!

A exuberante lua cheia que banhava o arvoredo com sua luz prateada a tudo assistia em silêncio. Ainda me lembro da poeira fina a me ofuscar os olhos, caindo das raízes da cerejeira que, lentamente, voava em direção às estrelas... O pomar do inconformado amigo Valdecir ficou com uma árvore a menos e eu, com um tremendo remorso por ter dado aquela ideia "brilhante" para salvar as frutas...

b) Ói o gás*

2º lugar – 1º Concurso Nacional de Causos de Pescador
Realização do site *Pescarte*, 2004.

---

* Adaptação de domínio popular, coletado da tradição oral. (NA).

> Sobre o autor: OSCAR DE AZEVEDO NOLF, 58 anos, nascido em Lins (SP), paulistano por obrigações de trabalho. "Aprendi a gostar das coisas caboclas, de mato e de pescaria, por artes do meu avô paterno, que tinha uma chácara na beira do Rio Paraíba do Sul, bem entre as cidades de Santa Branca e Jacareí. Lá passei a melhor parte da minha infância e juventude. Quando virei gente comecei a buscar outras águas, atrás de peixes que o velho Paraíba, já castigado pela Barragem e pela poluição das cidades do Vale, não podia mais oferecer. Tive a felicidade de conhecer grandes rios como o Paraná, Tietê e Grande, quando suas águas ainda corriam com alguma liberdade. Araguaia, Pantanal, Rio das Mortes, tantos outros sertões, em boas viagens, sempre acampando longe de cidades e gente, coisa cada vez mais difícil de se conseguir hoje em dia. Mas ainda tem uns cantinhos escondidos por aí, que meu padrinho São Pedro vai me ajudar a descobrir... e viver."

Nos meus tempos de moleque, eu sempre passava boas temporadas com meus avós em Santa Branca, numa chácara na beira do Paraíba. Quando estava por lá, meu avô vira e mexe dava um jeito de me carregar com ele para pescar ou andar pelo mato; às vezes só nós dois, outras com alguns dos tantos amigos que ele tinha espalhados por lá.

Coisa que o veio Carlos gostava muito era de sair com uma turma de Taubaté para caçar tatu. Quem conhece o Vale do Paraíba sabe do morraréu que é a região e dá para imaginar o que seja caçar tatu por aquelas bandas.

Era bonito ver o pessoal se juntar na casa de um deles, sojigar a cachorrada assanhada que parecia adivinhar a noitada, arrumar os enxadões e lampiões de carbureto e sair no caminhãozinho do seu Dito Florêncio para a fazenda de algum conhecido.

A soltada cachorrada era uma festa! Subir pelo espigão da serra acompanhando o rumo da matilha pela pastaria, a correria morro acima e morro abaixo atrás do levante, até a acuação... a trabalheira de cavar rápido pra não deixar os bichos fugirem.

E tinha ainda a pior parte, que era quando eles me mandavam tirar o tatu da toca. Diziam que, como garoto miúdo, era minha a obrigação de enfiar o dedo no cu do bicho "pra mór dele relaxá" e ser puxado pelo rabo porque dedo grosso de homem podia estragar alguma carne de comer! Coisas que marcaram demais a minha infância e que faziam eu me sentir importante, metido naquele mundo de gente grande.

Um tempo depois que meu avô foi fazer companhia para São Pedro, bateu a saudade e eu fui a Taubaté rever aquela turma. Fizeram uma baita festa quando eu apareci e, para comemorar, marcaram uma corrida aos tatus no dia seguinte.

Quando o pessoal começou a se juntar para a caçada, estranhei a falta dos cachorros e da algazarra que eles faziam. Estranhei, mas não dei parte. Porém, quando o povo subiu no caminhão sem levar nenhum enxadão, eu não aguentei:

– Gente, nós vamos caçar tatu sem cachorro nem enxadão!?

Caíram na gargalhada, contaram que tinham "miorado a ténica" e que em Taubaté o povo também tava ficando modernoso. Só mostraram para mim uns bujõezinhos de gás, daqueles barrigudinhos de usar com lampião. Segurei firme a curiosidade de perguntar mais, esperando para ver o que é que ia sair daquela caçada sem cachorro nem ferramenta!

Quando chegamos na fazenda, descemos do caminhão e começamos a andar pelos pastos procurando os buracos de tatu, eu meio com cara de besta atrás deles.

Foi daí que o Zé da Zica gritou que tinha achado! Chegamos lá junto dele e eu vi uma toca bem com jeito de cavocado fresco. Pegaram o bujão de gás com uma mangueirinha atochada no bico, enfiaram o que podiam dela no buraco e abriram a válvula bem devagarzinho.

Pois não é que daí um trisco o tatu saiu da toca, todo troncho, trançando as pernas, tontinho por causa do gás! Foi só pegar pelo rabo e colocar no saco, que ele nem fez questão de espernear como tatu de respeito!

A turma toda morreu de rir com o meu espanto e quando, reclamei que não tinha a graça das caçadas de antes, responderam que ninguém ali tinha mais idade para ficar subindo e descendo morro na correria atrás dos cachorros.

Não passaram dois anos, recebi um convite deles para um churrasco e mais uma corrida aos tatus à noite. Apesar de não ter o mesmo gosto, a mesma emoção das caçadas de outros tempos, resolvi ir para matar a saudade do pessoal.

Churrasco caprichado pro visitante, roda de papo animado com um corote da branquinha, eles contaram que eu ia ter uma surpresa. Escovado já da outra vez e para cutucar os brios deles, perguntei se agora tavam caçando tatu no pio! O Dito Florêncio só me olhou meio assim de lado, com aquele jeitão de gozador dele e disse rindo:

– Arrespeita os mais veio, moleque!

Quando saímos atrás dos tatus, percebi que eles pegaram só uns sacos de aniagem... nem um cachorro, nem enxadão, nem bujão de gás! Me segurei para não dar parte de curioso e esperei pra ver no que aquilo ia dar. Afinal, caçar tatu sem cachorro eu já tinha visto, mas sem o gás era novidade!

Chegamos na fazenda escolhida, lugar bonito e sossegado e saímos procurando até chegar num canto de mato que era daqueles bem no jeito de ter bastante tatu. Era ali que ia ser a caçada. Saímos andando e eles começaram a gritar:

– ÓI O GÁS! ÓI O GÁS!

Vocês podem duvidar, mas eu juro que é verdade! A tatuzada começou a sair dos buracos e era só o pessoal abaixar e mostrar o saco, que eles iam entrando direitinho... Tinha uns que até faziam fila pra não perder a vez!!!

c) Essa moita é minha!

Ezequiel Theodoro da Silva
Homenagem à Caravana Esperança, de Santa Cruz do Rio Pardo (SP)

Os pescadores escolados sabem que são muito diversificadas as situações envolvendo "banheiro" onde se possa "cumprir com a inevitável obrigação" na beira de rios, lagos ou lagoas. Se não estiver muito bem preparado, pode inibir de vez os intestinos e sonhar que a barriga está para estourar por falta do devido descarrego.

Existem aqueles que, ao pisar fora de casa para uma pescaria, fecham de vez o buraco de baixo e somente vão reativar o sistema quando retornarem da pescaria. E isso independe do tempo previsto para o divertimento: de meio dia até duas semanas ou mais. Houve até um caso de um noticiário que informava sobre uma chuva de merda na cidade de São Paulo – era um dos pescadores aqui falados, que havia retornado depois um mês lá no Pantanal. Um assombro! Ou melhor, uma verdadeira avalanche de bosta por sobre a capital!

Conheci um pescador que, em qualquer caso, levava uma dessas privadas portáteis nas suas pescarias. Era como um trono imperial para esse danado. E o interessante que ele, para não ferir a intimidade da sua peculiar cagada, construía uma casinha, com cobertura de sapé, paredes de lona e portinha de entrada, tendo até um porta-revistas para assinalar aos seus culhões que se tratava de um ambiente requintado e decente. Ai de quem tentasse entrar nesse espaço reservado! *Privada* é *privado*, e estamos conversados...

Quando os barrancos são impróprios ou perigosos, o serviço tem que ser feito por cima da borda da embarcação. Aqui as cenas são por demais grotescas para serem descritas, mesmo porque cagar assim é só em último caso, vencendo a vergonha dos companheiros e/ou do piloteiro que olha de lado e compreende que, ricos ou pobres, brancos ou pretos, altos ou baixos, todos somos iguais nessa inevitável hora. E quando o pescador é levado bater esse tipo específico de ponto é porque está na "ponta de coito", com a coisa já surgindo e perigando enlamear as calças em caso de qualquer refreamento. Ui, ui, ui!

Numa caravana de pescaria tipo acampamento lá nas bandas do rio Aquidauana, houve um quiproquó dos infernos. Cada qual escolheu uma moita para receber os cheirosos presentes estomacais. Os gordos ficaram com as moitas mais próximas; os magros tiveram que se contentar com os matinhos mais distantes – tudo democraticamente pensado para evitar correrias e a saída dos bolotes por entre as bordas da bunda (coisa terrível que às vezes acontece por falta de devidas precauções). Nunca diga dessa água não bebi ou beberei, meu amigo!

No terceiro dia logo de manhãzinha, o Bastião Gordo, bravo como um onça, se acercou do restante do grupo e vociferou:

– Quero saber quem foi o veado que usou a minha moita. Na hora que vi o estranho monte no meu canteiro de obras não mais consegui colocar as tripas para funcionar. Se caso eu estourar por aqui dentro da nossa barraca de dormir, não me responsabilizo pelo cheiro e pelo estrago, viu???

Capítulo 4

Resistir e Ser Professor Ainda, Apesar dos Pesares

1. Residir na Memória do Aluno (Sentir-se Lembrado)

Quase todas as manhãs, por volta das seis horas, eu inicio o meu circuito de caminhadas ao redor do Largo Santa Cruz em Campinas. O ar puro, o canto dos passarinhos, as fisionomias dos demais caminhantes e a variedade de árvores são fatores da revitalização diária do meu corpo, hoje beirando os sessenta anos.

Numa dessas manhãs, o ritmo dos meus passos é quebrado por gritos do meu nome, por uma mulher que caminhava na calçada oposta:

– Professor Ezequiel, ô professor Ezequiel!

As palavras gritadas no vazio da rua ressoavam para cima, em direção às janelas dos prédios locais, que não são poucos por ali. Andei mais ligeiro. Fiz que não vi nem ouvi. Quem seria aquela maluca, vestida de moletom amarelo com listras pretas nas duas pernas, parecendo um mandorová? Meu descaso aumentou o volume dos gritos:

– Ô professor Ezequiel; peraí professor Ezequiel!

Aos trotes, ela cruzou velozmente a rua, chegou-se a meu lado, tocou meu braço esquerdo e disse:

– Você é o professor Ezequiel, não é?

Respondi que em pessoa e à disposição. Mas não fui capaz de reconhecer aquela mulher de meia idade. Estatura média, com o cabelo comprido preso por cima da cabeça, tingido de loiro. Muito amarelo para meu gosto...

— Professor Ezequiel, o senhor não se lembra de mim? Não se lembra de mim?

Fiquei mais no não do que no sim. Percebendo minha hesitação, ela continuou:

— Olha, professor Ezequiel, eu sou a Marílvia. Fui aluna do senhor em 1972, no primeiro ano de Pedagogia da Unicamp. Agora o senhor se lembra de mim?

— Ahhh, sim, Marílvia... Estou me lembrando. Puxa, você está muito mudada. Toda loira. A idade lhe tratou bem!

Lembrava nada: são muitas as fisionomias que passam pela frente de um professor na sua caminhada de vida profissional. Mas, enfim, pensei que a conversa ia terminar ali, liberando ambos para continuar o exercício da caminhada. Porém, cheia de orgulho, a Marílvia exclamou:

— Sabe, professor Ezequiel, o senhor me ensinou uma coisa que eu nunca esqueci...

Uma afirmação igual a essa, feita por uma ex-aluna, às seis e meia da matina e passados trinta e quatro longos anos desde a última vez, mexe muito com o coração de qualquer professor. A emoção do momento aumentou um pouco os meus batimentos cardíacos e me fez indagar, interiormente, o que é que eu tinha ensinado à Marílvia e que por tanto tempo ela tinha guardado consigo. Curioso e emocionado, perguntei:

— O que é que foi que eu ensinei e que você nunca esqueceu?

— Fazer resumos, professor, fazer resumos. Quando eu entrei na faculdade, eu não sabia estudar e o senhor cobrava e corrigia os resumos que a gente fazia. Eu tinha que refazer várias vezes até acertar do jeito que o senhor queria. Daí eu aprendi e não me esqueci nunca mais.

2. O analfabeto da 8ª série (sentir-se necessário)

Contou-me esta história o Edu Klébis, professor apaixonado pela profissão e que planta sempre boas sementes nas escolas por onde passa.

Por causa de fuxicos e ciumeiras na escola particular onde vinha trabalhando, ele teve que engolir uma injusta demissão. Penou psicologicamente por um tempo, mas conseguiu se reequilibrar e juntar forças para reassumir a sua antiga função como efetivo numa escola pública da periferia de Campinas.

Conforme acontece nesse tipo de situação, o retorno à docência na escola pública foi um grande choque. Por telefone, Edu contou que aquela era uma escola 100, ou seja, sem funcionários, sem equipamentos, sem salas condizentes, sem biblioteca e sem outras condições das quais não me lembro em virtude da extensão da lista dos miserês.

Edu não esmoreceu: o feixe de dificuldades revitalizou os seus brios e a sua forte vocação de professor, fazendo que ele se dedicasse de corpo e alma às suas cinco turmas de oitava série em vários turnos daquela escola. De longe, por telefone ou por e-mail eu era informado das venturas e desventuras do Edu nessa carinhosa guerra, muito comum no contexto das nossas escolas públicas.

Certo dia, ele me escreveu preocupadíssimo e perguntou se por acaso eu tinha algum bom material para alfabetizar um aluno seu. "Mas alfabetizar na 8ª série?" – perguntei, surpreso. Edu tinha identificado a presença de um garoto de 12 anos, xará seu, que não sabia sequer escrever o nome.

– Sabe, professor Ezequiel, dentro da minha sala, no meio e na frente dos outros alunos, ele se recusou a escrever o nome e me entregou a folha do trabalho em branco. Pensei que fosse um desafio à minha autoridade. Mas não era não! Ele realmente não sabia ler nem escrever.

Depois da aula, no esquema dois a dois, foi feita a constatação de que o xará não tinha sido alfabetizado e navegara até a 8ª série sabe-se lá como. A recusa em escrever era porque não sabia escrever mesmo.

Solidário e demonstrando uma profunda compaixão, Edu começou a atender o aluno individualmente, meia hora de trabalho de recuperação, logo após os horários normais das aulas.

Dois meses se passaram até que o Eduzinho, por decorrência da formidável orientação do professor, começou a escrever o nome e a entender algumas histórias dos livros infantis. E eis que ocorre o que menos Edu Klébis esperava...

Numa das aulas individualizadas de recuperação, o garoto lhe diz:
— Seu Eduardo, eu tinha uma coisa pra pedir ao senhor...
— O quê, me diga.
— Mas tenho vergonha de dizer.
— Pode falar, sem problemas. Não tenha medo não. Seja corajoso e me diga.
— O senhor não queria ser meu pai?

3. Salão de beleza (sentir-se bonita)

Aceitei de muito bom grado o convite para trabalhar com professores do supletivo de uma cidade vizinha de Campinas. Um novo desafio para revitalizar as minhas energias de educador.

A viagem pela via Anhanguera foi uma loucura. Saí da Unicamp às 18 horas e tive que viajar no meio de caminhões cheios de pressa e de carros com gente ansiosa para chegar de volta em casa.

Sobrevivi, encontrei o endereço da escola e rapidamente fui apresentado pela coordenadora a um grupo de 46 professoras; nenhum professor homem na sala.

A primeira aula, das 19 às 22 horas, serviu para uma leitura carinhosa da turma: faces, modos de vestir, jeitos de falar, idades, um pouco das experiências no magistério e coisas assim.

Na volta, agora com a Anhanguera mais calma em virtude do horário, comecei a me lembrar daquelas mulheres. Repassei os rostos na memória. À frente, a luz do farol cavava o escuro da noite, trazendo de volta mais lembranças daquela primeira aula com as professoras do supletivo.

Já em casa, Lílian, me esposa, me perguntou o porquê de eu estar meio acabrunhado. Eu não soube explicar, mas sentia que carregava comigo algum mal-estar. Sentia doer cabeça e coração.

Segundo dia de aula, após o famigerado deslocamento no horário de pico. Novamente repassei os rostos, os corpos, os modos de trajar das professoras; fiquei bem mais incomodado, confesso.

No retorno, soturno, comecei a entender a razão do meu incômodo. Lílian me viu melhor e me indagou sobre a cara feia da noite anterior.

— Sabe, acho que descobri porque estava e ainda estou zangado... Feiura; isso aí, feiura. Aquelas professoras lá do supletivo são feias pra burro.

Eta mulherada feia, sô! E eu não quero que essa feiura pegue em mim...

No dia seguinte acordei melhor, mas preocupado com a minha descoberta. E mais preocupado ainda em ter que voltar para a terceira aula e dar continuidade ao trabalho.

Entrei na sala e comecei a explicação da matéria a partir de um esquema na lousa. Todas as professoras muito atenciosas, em absoluto silêncio, ouvindo as minhas palavras. Surgiu algo estranho ao olhar aquela mulherada e eu perguntei:

— Aqui nesta cidade não tem salão de beleza? Vocês não vão à cabeleireira de vez em quando não?

O silêncio se adensou: uma olhou para outra em estado de grande surpresa, tentando entender qual a minha intenção com uma pergunta como aquela. E eu, levado por estranho ímpeto, repeti mais enfaticamente a pergunta:

— Vocês não gostam de ir ao salão de beleza? Nesta cidade não tem manicure e cabeleireira é?

Uma delas levantou a mão e disse que estava se sentindo ofendida com a pergunta. Além disso, acrescentou:

— Salão de beleza? Salão de beleza é coisa de burguesa, de mulher fuxiqueira que não tem nada pra fazer. Salão de beleza não é coisa para mulher trabalhadora.

Retruquei de imediato, informando:

— Pois olha, acho que todos aqui sabem que Cuba é um país comunista, tendo extirpado os burgueses da ilha há um bom tempo. Quando estive lá há uns três anos constatei que em Havana e outras cidades existem muitos salões de beleza, inclusive muito frequentados pelos próprios homens cubanos. São pessoas vaidosas, que gostam de se sentirem bonitas e bem apresentáveis. Acho até que, se Fidel Castro fechasse os salões de beleza, ele seria deposto no dia seguinte.

Tomado por certo sadismo, fui fundo. Iniciei uma saraivada de perguntas a respeito daquilo que poderia ser chamado de sonho inatingível para uma professora de escola pública brasileira.

— Quem daqui já viajou para Roma? Para Paris? Quem já passou uma semana em Bariloche esquiando nas montanhas? Quem daqui toma um vinho português legítimo todos os dias? Vocês nunca saborearam um jantar num restaurante alemão? Quantos de vocês passam as férias nas gostosas praias de Fortaleza ou Florianópolis? Quem daqui é capaz de renovar o guarda-roupa nas quatro estações do ano?

Umas três professoras levantaram a mão querendo falar, mas eu nem dei bola e continuei com o meu sadismo bem calculado:

— Certamente vocês assinam revistas e jornais, compram livros e mais livros nas livrarias. Vocês certamente vão malhar na academia pelo menos umas três vezes por semana. Cinema todos os sábados e muitos domingos. A empregada, bem paga, toma conta direitinho da sua casa e até motorista têm para levar seus filhos na escola. Trocam de carro todo ano.

A turma se dividiu entre risos e lágrimas diantedas às desgraças da profissão. Rezei esse terço mais uns instantes e abri espaço para uma reflexão sobre o assunto. Viajamos longe nas argumentações, mostrando o rolo compressor que passava sobre a vida das professoras brasileiras. Apontamos injustiças. Comparamos as profissões e os respectivos salários. Vimos a exorbitância dos ganhos dos políticos brasileiros. Achatamento do salário; achatamento da profissão; achatamento da vida como mulher e como professora. A feiura não era a estética, mas sim aquela decorrente do sofrimento e do relaxo consigo mesma. As vaidades tinham se descolado da vivência daquelas professoras. Concluiu uma delas que se julgava unicamente uma professora, esquecendo-se de que era uma mulher...

Creio ter sido essa uma das melhores aulas de toda a minha vida de professor.

O fato é que naquela noite dormi bem melhor, com um sorriso de satisfação no rosto. Lílian achou que algum santo tinha descido na minha aula às professoras do supletivo. Em verdade, eu tinha lavado a alma, eu tinha conseguido plantar a contradição no meio do grupo de mulheres professoras.

O fato é que, na aula seguinte, a maioria apareceu bem arrumada e até senti um perfume exalando pelos corredores da classe...

4. Cova bem funda no cemitério (sentir-se vivo)

Quem nunca ouviu falar no tal de aposentado em serviço? A escola brasileira, principalmente a pública, é morada segura para esse tipo de parasita. Ele assumiu tão fortemente a dimensão técnica do ensino que esqueceu por completo sua humanidade como pessoa. Quer dizer: o técnico engoliu o ser humano que ocupa a mesma corporeidade.

O professor aposentado em serviço, apático ante qualquer ideia de trabalho ou transformação, não tem mais desejos, veio broxando ao longo dos anos e tem ojeriza de qualquer tipo de iniciativa para melhorar a profissão ou a escola. Estudante ele não pode ver na frente. Livro ele não lê faz muito tempo. Sala de aula é símbolo de tortura e sofrimento.

Nos tempos como secretário de Educação de Campinas, eu costumava visitar as escolas da rede. Não avisava antecipadamente: chegava de supetão e começava a entrar em todas as dependências a fim de sentir o cheiro do trabalho. A notícia de que o secretário se encontrava na escola esparramava velozmente por entre o pessoal e todos começavam a se movimentar para dar uma arrumada na casa.

Numa dessas visitas, a diretora me contou que estava enfrentando um sério problema com uma das professoras efetivas. Disse que essa professora era um verdadeiro esculacho: não comparecia às reuniões, não ensinava nada aos alunos (apenas tomava conta da criançada nas diferentes aulas), atrasava-se na entrega dos diários, vestia-se mal, tirava uma licença de saúde atrás da outra e tinha se tornado um péssimo exemplo para os estudantes.

Pedi, então, para ser apresentado. Quando a vi na sala dos professores, fiquei muito chocado com o estado da figura: parecia um espantalho ambulante, toda despenteada, mãos e unhas sujas, um moletom que parecia ter saído de uma mala abarrotada e cheia de cravos pretos pelo nariz e pelas maçãs faciais. Suava o nariz com um lenço de tecido meio sujo e não quis apertar a minha mão quando fomos apresentados.

– E aí professora, como vai a vida?
– Não muito bem; meu corpo dói constantemente.
– Já foi ao médico?
– Meu problema não é clínico. Parece que a dor é mesmo na alma.

— Entendo. E o trabalho com as crianças?

— São todos malcriados e não querem nunca aprender nada.

— O que a senhora está ensinando pra eles?

Numa atitude desafiadora, ela retrucou:

— Quem não quer aprender nada recebe nada como ensino. Isso aí: eu não estou ensinando nada.

Minha autoridade como secretário e meus brios como professor ficaram bastante feridos com aquele arremedo de professora. O sangue me subiu e eu resolvi não engolir a seco o atrevimento...

— Sabe, professora, creio que sei do que a senhora está precisando.

— Como assim? Não estou precisando de nada. Minhas esperanças como mulher e como professora já sumiram há muito tempo.

— Está sim! Está sim! A senhora está precisando, imediatamente, de um túmulo no cemitério. E, quando a senhora for despachada, eu vou pedir que enterrem a senhora numa cova bem funda. Assim, esse seu vírus do desânimo não pega em mais ninguém.

5. Conversa entre o pescador e o professor (sentir-se gente)

Era noite. Numa escola. Intervalo de aula. Sala de professores. Um professor–pescador e um professor-só-professor; nada mais. Mais ninguém. Somente os dois. O bate-bate rolou assim...

— Não gosto de pescar. Não tenho paciência.

— Não tem paciência? Pense bem. Quem é que pacientemente espera pela melhoria do salário? Quem é que tenazmente espera por mudança positiva das condições de trabalho na escola? Quem é que fervorosamente espera poder continuar os estudos pós-graduados? Quem é que tolerantemente espera que os alunos aprendam a partir do ensino proposto? Quem é que nervosamente espera que o salário dê para chegar até o final do mês? Quem é que tristemente vê a sua existência se esvair sem muita chance para modificar o próprio destino?

— Não gosto de pescar. Detesto as intempéries.

— Detesta as intempéries? Quem é que atribuladamente enfrenta viagens diárias, por vezes torturantes por causa do trânsito, para estar na escola na hora certa e fazê-la funcionar? Quem é que penosamente comanda turmas imensas de alunos, muito maiores do que a boa pedagogia costuma indicar? Quem é que arduamente trabalha sem equipamentos condignos, sem biblioteca, sem técnicos de apoio, sem reconhecimento comunitário? Quem é que bravamente ainda permanece no magistério, mesmo sabendo que as mentiras governamentais se repetem de quatro em quatro anos?

– Não gosto de pescar. Não sou de me concentrar muito.

– Não é de se concentrar muito? Quem é que repetidamente solicita silêncio a centenas de alunos de modo que as suas aulas possam acontecer nas escolas? Quem é que minuciosamente maneja calendários e cronogramas de trabalho, além de gordas agendas e longas listas de tarefas, para poder silenciar os três roncos diários das barrigas de sua família? Quem é que ansiosamente aguarda a hora de dormir, depois de tantas aulas diárias, para assim ter um pouco de sossego e de paz de espírito? Quem é que, quando sozinho, meditativamente reza a Deus e/ou apela a Oxalá para ver se melhora de vida?

– Não gosto de pescar. Tem que ter fé e esperança.

– Tem pouca fé e esperança? Quem é que inegavelmente renova o seu estoque de doação todos os dias no intuito de educar as crianças? Quem é que inapelavelmente revitaliza a sua afetividade para suportar as tristezas oriundas do empobrecimento das escolas? Quem é que, uma vez ensinada a matéria, piamente acredita na aprendizagem dos seus alunos? Quem é que, mensalmente, espera que o milagre da multiplicação, ou melhor, da esticadela do salário? Quem é que, apesar dos pesares, redobra a sua esperança de que a política brasileira atue a favor dos professores?

– Não gosto de pescar. Perdi o prazer.

– Perdeu o prazer? É acho que você não vai gostar de pescar mesmo...

Espaço de Arejamento 4:
Causos de professor. Continuando a rir, rir, rir

a) Duas ações a um só tempo

Sempre achei que a pesca é, entre outras coisas lindas, a arte de conviver com o inesperado. Para os leigos, é difícil entender esse aspecto mesmo porque, no universo das rotinas do mundo urbano, pouco ou nada acontece de novo ou diferente.

Não que o mundo fique de ponta-cabeça numa pescaria, mas é bem provável que ele seja revirado aqui e acolá, gerando situações das mais engraçadas, maldosas ou até mesmo tristes. Situações essas que, pela intensidade do acontecimento, se fixam firmemente na nossa lembrança, podendo ser relembradas muito tempo depois.

Estávamos, Roberta Mathias (jornalista das melhores, encarregada em relatar esta mesma aventura de pesca) e eu, pescando poitados numa curva com remanso lá pelas bandas do rio Kuluene, norte do Mato Grosso. Na popa, o piloteiro Aguinaldo, também com uma linhada dentro da água para ver se tinha sorte e aumentava a diversidade de peixes nas fotografias do dia.

Eis que entra um jurupecém ou bico-de-pato na linha da Roberta. Alegria imensa, com risadas e comemorações. Mas ainda um peixe pequeno... A gente queria um peixe mais raro e de porte maior. Em seguida, para mais alegria ainda, entra na minha linha uma linda matrinxã, saltando feito cavalo em festa de peão boiadeiro.

Ah, todos suspiramos, finalmente as matrinxãs tinham aparecido. Antes tarde do que nunca, mesmo sendo o último dia de pescaria.

Sorte grande estava mesmo com a Roberta: vara, linha, chumbada, anzol e tuvira abençoados mesmo porque as matrinxãs bitelas (todas de dois quilos para cima) passaram a atacar única e exclusivamente a representante feminina da canoa.

Uma, duas... e na terceira briga a calça da Roberta desabotoou. Um balé estranho em dois movimentos simultâneos: controlar o peixe no rio e rebolar a cintura, com as pernas abertas, para não deixar a calça cair.

Felizmente, para a Roberta, o peixe foi embarcado em urgência máxima, antes que a calça lhe caísse nos calcanhares. Infelizmente, para Aguinaldo e eu, jamais ficamos sabendo qual era a cor da calcinha de nossa parceira de pescaria.

Bem que queríamos...

b) Vou querer tudo de você!

Era uma roda de pescadores, todos acima dos 50 anos e tomando sua cervejinha num final de tarde. O truco já tinha sido jogado e cantado com gritaria em dó maior, as piadas estavam em meio ao caminho, quando um deles abre uma revista erótica, bem numa página com um tremendo avião – um bruta mulherão daqueles de dar água na boca. Houve exclamações babantes à vista da peitaria e do bumbum tipo filé-mignon:

– Essa aí eu comia sem cerimônia!

– Trepava a noite toda com essa gostosona; ela ia ver só que cabra-macho que eu sou...

– Dava três sem tirar de dentro à noite e deixava uma começada para a manhã seguinte!

O Santoro, cuja sabedoria é bem mais esticada que a dos demais, balançou a cabeça, deu uma risadinha marota e desdisse:

– Com um peixão desse aí, nenhum de vocês fazia nada. E muito menos eu!

Indignação total na roda. Onde já se viu duvidar da macheza daqueles grandes pescadores, cinquentões escolados nas coisas de cama e de sexo? Foi daí que veio a explicação...

– Na hora dos drinques, essa potra, essa mulheraça sopraria em seu ouvido: "Olha, hoje à noite eu vou querer TUDO, TUDO, TUDO de você!". Esses TUDO vão ressoar na sua cabeça, vão fazer você ficar pensando no significado TUDO para ela. E o eco incessante dos TUDO vai começar a te preocupar, a te broxar. Depois dos drinques e exatamente no momento de ir para o quarto, ela para na sua frente, olha bem dentro dos seus olhos e exclama: "Vou querer um pouco de CRIATIVIDADE na cama!". Acostumado como você está com sua velha esposa em casa, fazendo tudo do mesmo jeito na rotina sexual de muitos anos, você já nem sabe ser criativo mais e imediatamente brocha de vez, sem fazer sexo, sem fazer absolutamente nada com a mulher.

O "de-acordo-aprovado" da roda dos pescadores cinquentões foi geral...

c) Pensei que vocês fossem pescar...

Nesta estória três pescadores param o jipe num determinado lugar nas lonjuras do Brasil e perguntam a um ribeirinho se ele sabe a direção do famoso lago Dourado.

– O que é que os amigos estão pretendendo fazer?

E os três contam que estão indo pescar. Pescar traíra, tilápia e o que mais puxasse a linha.

O ribeirinho gentilmente mostra o caminho para eles.

– Os amigos têm aí um pouco de cachaça?

Eles dizem que não.

– Que tal umas latinhas de cerveja?

Eles dizem que não.

– E uns cigarros?

Também não.

O ribeirinho, passando tira o suor da testa, exclamando muito surpreso:

– Ué, eu pensei que os amigos tinham dito que iam pescar...

Capítulo 5

Aventuras de Pesca

1. Juntando as Memórias do Jamari

Porto Velho (RO), 1999.

Jamari, junto, cala fundo no mundo, na memória-história de pescador! Mesmo para quem tem muitos quilômetros rodados pelos rios deste nosso Brasil, fica difícil recuperar e expressar em palavras o intenso e imenso prazer que decorre de uma pescaria prazerosa. De fato, depois que a adrenalina sobe e faz bater o coração em virtude de fisgadas ininterruptas, a nossa lembrança é muitas vezes incapaz de descrever o oceano de detalhes que conduzem e produzem a aventura.

A pescaria no Rio Jamari, guardada e agora narrada, foi tudo isso e muito mais...

a) Exame do terreno e das águas

Professor que sou fui convidado para ministrar um curso de pós-graduação em Porto Velho no período de 26 a 30 de julho de 1999. "Aceito o convite, com a condição de que eu estenda a minha permanência nos dias 31 de julho e 1º de agosto (sábado e domingo) para experimentar os rios dessa região..."

Pescador que também sou fui pré-imaginando como seria uma pescaria em águas rondonienses, fui separando as iscas artificiais mais apropriadas, fui entrando nos mares da Internet a fim de obter mais informações, fui alimentando o velho sonho dos maiores troféus...

E eis que surge do outro lado da Internet, especificamente de Porto Velho, meu querido amigo Murilo Menezes a quem eu tivera o prazer de conhecer em Belém do Pará, quando do lançamento nacional do meu livro *Histórias extraordinárias de pescarias*. Essa surpresa surgiu porque eu não sabia que o Murilo, em termos de trabalho, tinha tentáculos tão longe. Do e-mail que ele me enviou constava mais ou menos o seguinte: "Dom Ezequiel, deixa comigo que eu preparo a infraestrutura para essa aventura. Traga material médio-pesado, com artificiais claras de meia-água. E estamos conversados!".

b) Nero: o Imperador do Jamari

Nero, nesse caso, não era o famoso imperador romano. Era, isso sim, o terceiro personagem desta deliciosa aventura. Parceiro de Murilo em várias pescarias – e neste agora também meu amigo –, Nero Cláudio Barbosa serviu de guia e emprestou as suas retinas para que eu lesse e compreendesse os mistérios do rio Jamari.

Preparando-se para a pescaria, ao revisar o motor de popa, Nero havia enroscado alguns dedos da sua mão esquerda na cremalheira. Foi um inferno dos diabos, mas mesmo assim ele insistiu em acompanhar Murilo e eu nessa aventura pelo rio Jamari. Devo confessar que tive muita sorte em tê-lo como companheiro e guia – o homem conhecia tudo da beira do rio, das pedras submersas aos poços mais produtivos.

c) Rumando ao rio Verde

Comandados por Nero, dirigindo uma lancha com motor de 70 HP, partimos da Marina Salsalito (jusante da Represa do Samuel) em direção à Pousada Flutuante Rio Verde, localizada a aproximadamente uma hora e meia do local, exatamente na desembocadura do rio Verde no Jamari.

Já na descida, o Jamari mostrou toda a sua exuberância, todos os seus mistérios e todos os seus perigos. De fato, ambas as barrancas são altas, projetando verdes de diferentes tonalidades e deixando entrever rodas de argila amarronzada aqui e ali, igual a centenas de olhos no meio das árvores da densa floresta.

E a navegação é perigosa em virtude das imensas pedras submersas; além disso, o nível da água sofre variações constantes por causa do controle das comportas da Represa do Samuel, mais acima. Todo cuidado é pouco: o melhor mesmo é não puxar a velocidade para não ver a rabeta do motor arranhada nos pedrais!

d) A onça comilona

Ao descermos o rio, os olhos de Nero iam se fixando sobre os pontos mais interessantes. Os pontos puxavam os contos e as histórias. Numa curva de rio, ele apontou para dois barracos semidestruídos: um maior, localizado bem acima da barranca, e um menor, situado bem próximo às águas do Jamari.

Disse ele: "Nesse barraco abandonado aí de baixo, dois sujeitos que vieram aqui pescar foram comidos pelas onças... Aqui tem da preta e da pintada, daquelas big mesmo, que não respeitam nem espingarda de cartucho doze. Pois bem, de noite, descuidados, talvez não sabendo da presença desses gatões, os dois foram surpreendidos. Acharam os pés de um deles afundado numa moita da mata e o crânio do outro no lamaçal aqui debaixo. Eu sempre recomendo para aqueles que vierem pescar aqui no Jamari que tragam sempre consigo uma pessoa que tenha medo de onça – assim ele fica acordado a noite inteira e protege os demais companheiros!". Nossa risada ecoou por entre as altas barrancas do Jamari.

e) Festival de fisgadas

De tudo um pouco: a experiência da diversidade de espécies – assim pode ser sintetizada esta pescaria no Jamari. As retinas de Nero nos conduziam aos pontos e estruturas mais apropriados – era lançar e, com certeza, dar início a grandes batalhas com diferentes tipos de peixes.

Como entrada, depois de uma rocha imensa que despontava na curva do rio, demos de cara com um cardume de apapás e cachorras. Peixões encorpados que faziam as iscas prateadas balançarem para baixo e para cima, gerando muita alegria em cima do barco e acelerando os arremessos.

Depois, em ritmo rápido, deixamos a nossa bagagem na Pousada do Rio Verde e voltamos ao Jamari, agora à procura das pirapitingas. Como elas pareciam estar de férias, optamos pelas jatuaranas. Também imensas, mordiam sagazmente os minhocuçus e exigiam muita perspicácia da nossa parte. Saltos e saltos se seguiram, fazendo as linhas de pesca tocarem verdadeiras serenatas durante as brigas.

Pintados apareceram na pesca de rodada, depois das quatro da tarde. As pontas dos caniços eram entortados para dentro da água, pela violência dos puxões. Linha de 45 milímetros, mesmo com fricção super-regulada, não foi suficiente para travar os combates com as feras de couro que pastavam no fundo dos poços. Murilo e Nero soltavam boas risadas ao assistir o meu desespero para ver a cara de um pintado amazônico. Por fim, depois de muitas tentativas, conseguimos embarcar dois menores para as sessões de fotografia.

À noite, depois de uma cantoria regada a atabaque, pandeiro, afoxé e violão com a turma do Ivaldo Vianna (pessoa amiga que se juntou conosco na Pousada), fomos em busca dos surubins. Os maiores levaram linha e tudo, sob um luar dos mais lindos, que refletia os raios nos redemoinhos dos poços profundos onde pescávamos. Uma dourada (peixe de couro da bacia amazônica) abriu o encastoado e conseguiu se safar exatamente no momento em que estava para ser embarcada.

f) Domingo é dia de tucunaré

"Bem, gente, hoje de manhã vamos atrás dos tucunarés do lago do Alcântara, bem próximo daqui", informou-nos o Nero quando já subíamos no barco para somar mais fatos àquela rica aventura. O problema é que o ribeirãozinho que dava acesso ao lago estava muito seco, com tocos e troncos por todos os lados. Chegamos até a embicar a lancha na pauleira, mas foi impossível transpor os obstáculos ali depositados pela natureza.

Rumamos para o lago da Brasileira, bem mais abaixo. Entramos naquela imensidão de água amarronzada, com estruturas perfeitas para a pesca do tucunaré. Tivemos azar novamente porque o vento forte não permitia a devida distância das margens e as iscas artificiais começavam a fazer barrigas na linha. Dissemos ao Nero que talvez fosse melhor voltarmos a pescar com iscas naturais, de fundo.

Essa sugestão embraveceu nosso amigo e ele retrucou: "De jeito nenhum, agora é hora de tucunaré. Preparem a munheca que agora vem fogo – vou levá-los a um lugar que é infalível!".

Voltamos ao leito do Jamari e começamos a fazer arremessos nas bocas dos pequenos riachos que por ali deságuam. Não deu outra: depois de levantarmos algumas dentuças (cachorras), em dois lançamentos certeiros, mais para dentro da boca do terceiro riacho, Murilo e eu, seguidamente, tivemos o prazer de lutar com tucunarés imensos, todos acima de três quilos.

Uma verdadeira delícia mesmo porque os peixes, ao serem fisgados, corriam para o meio do Jamari, com a correnteza aumentando a força das corridas e puxões do peixe, em tentativas de reconquista da sua liberdade.

g) Fecho de ouro

Dentre as várias amizades que construímos em Porto Velho, destaca-se a do professor e poeta Zeca Domingos'ilva, autor do livro *Navalha a quatro tempos* (São Paulo: Scortecci, 1990). Como os poetas têm a capacidade de ver e expressar aquilo que muitos não enxergam num primeiro relance, é com um trecho do amigo Zeca que fechamos a nossa maravilhosa pescaria no rio Jamari:

> Deus?
> Deus é o silêncio da madrugada
> sibilando como o vento
> ou a soma do que pensamos
> Mais o cepticismo do ateu.
> É a natureza... além Natureza...
> É a aversão do progresso humano
> em torno do absurdo tecnológico

> É a ilha do que somos
> ladeados por Seus primores
> É a essência, a perfeição.
> TUDO.

h) São Simão: possibilidades múltiplas para pescar

São Simão (GO), 2000.

Quando um ponto de pesca comprova ser produtivo, o pescador não apenas sonha com um possível retorno, mas regressa de verdade, o mais prontamente possível, a fim de ir adicionando mais elementos à aventura inicialmente vivida.

Se os peixes respondem e correspondem, se a infraestrutura fornece o devido amparo às necessidades, se a recepção turística é cordial e se os cenários da natureza sempre provocam novas surpresas, o pescador estica sua vontade de repetir a dose e, quem sabe, repetir as proezas das viagens anteriores.

São Simão, localizada na divisa de Minas Gerais com Goiás, possui todos os ingredientes para a estimular o que estou chamando aqui de "vontade do regresso". Peixe não falta. Estrutura tem de sobra. Apoio sempre presente. Lazer a um custo razoável. Enfim, é um lugar que garante a felicidade, o descanso e o entretenimento buscados por todos os amantes da pesca.

i) Jusante da represa: piaparas e caranhas

Ventava no dia e não valia a pena se meter nas águas represadas de São Simão... Existem muitas embarcações "dormindo" eternamente no fundo da represa – isso porque os seus proprietários não entenderam muito bem o seguinte aviso daqueles que moram na região: "Conforme o tamanho do vento, melhor não se arriscar nestas águas que, em determinados pontos, chegam a atingir 100 metros de profundidade. As ondas sobem alto e podem abalroar uma embarcação em questão de segundos".

Preferimos navegar nas águas do Paranaíba e pescar poitado nas adjacências das comportas. Lugar cevado, com quirera de milho e soja correndo por baixo, saindo mansamente de garrafas de plástico e juntando piaparas e caranhas ao acesso dos nossos anzóis. Só na corredeirinha, ao sabor da paciência e da concentração máximas na ponta das varas de espera.

Silêncio absoluto, conforme manda o ritual desse tipo de pescaria. Não demorou muito para os peixes se juntarem e começar a alegria de todos nós. As piaparas eram mais frequentes e faziam cantar a linha com os seus constantes cabeceios. As caranhas apareciam de quando em vez e exigiam perícia máxima de nossa parte mesmo porque as linhadas eram as mesmas das piaparas. Por vezes, levavam tudo para baixo, fazendo as nossas linhas balançar ao vento e nos deixavam fantasiando o tamanho do peixe que foi capaz de tamanha façanha.

j) De noite: "Chica Doida" para repor as energias

Já quase anoitecendo e com uma fome que todo pescador conhece, tiramos o barco do Paranaíba, para, no dia seguinte, tentarmos os imensos tucunarés azuis que fazem a fama virar fato a montante da represa.

Banho tomado, cabelo penteado e cheiro de sabonete pelo corpo, decidimos procurar um restaurante de culinária regional. Perguntando aqui e ali, ficamos sabendo que a Lanchonete e Pizzaria BIRUTAS, localizada bem no centro de São Simão, oferecia um prato chamado "Chica Doida".

Conferimos e ficamos extasiados com o sabor. Além disso, a mistura serviu para repor as energias perdidas no primeiro dia de pescaria, quando brigamos com as sagazes piaparas e caranhas do Paranaíba. Tão saboroso prato não podia ficar no segredo e pedimos a receita. Aí vai!

CHICA DOIDA

Ingredientes:
3 espigas raladas de milho-verde (mais para duro);
1/2 copo de óleo;
1 colher de margarina;
1 1/2 litro de água para cozinhar;
creme de leite (à vontade)

Recheio:
pedaços de linguiça, jiló, peito de frango desfiado, lombinho de porco; queijo muzarela para a cobertura;
tempero a gosto.

Modo de Fazer:
Coloque o milho-verde numa panela juntamente com água, óleo e margarida. Deixe cozinhar até ganhar consistência. Junte com o creme de leite e deixe cozinhar mais um pouco. Depois de cozido, coloque o creme numa tigela de louça ou vidro, pondo o recheio. Cubra com o restante do creme, deixando o recheio submerso no creme. Rale a muzarela, cobrindo toda a tigela. Leve ao forno até que o queijo esteja completamente derretido. Sirva quente, acompanhado de arroz branco.

l) Montante da represa: os ferozes azulões

Navegar por sobre as águas da Represa de São Simão é como estar num verdadeiro oceano. De fato, por todos os lados as águas de cor verde-escuro fazem fronteira com a linha do horizonte. Nesse universo aquático, um piloteiro experiente é mais do que recomendável na medida em que as referências se misturam e são perdidas, tão logo iniciada a navegação.

Márcio Galvão, competente pescador e guia do local, foi apontando as direções, já sabedor dos melhores pontos de pesca nas margens da represa. Navegamos cerca de uma hora, em direção à foz dos rios Alegre e Jacaré. A represa estava com as suas águas muito acima do normal, o que, de certa forma, escondia as melhores estruturas.

A experiência resultante dos arremessos ininterruptos mostrou que os tucunarés não estavam nadando em cardumes. Pareciam "casais solitários" protegendo seus ninhos e, por isso mesmo, era necessário detectar a quadratura dos seus territórios para, assim, produzir as ações.

Os deslocamentos da nossa embarcação foram frequentes. E os azulões demoraram a aparecer. Tivemos que adentrar até os fundões das baías, bem no meio de capinzais e tranqueiras para conseguir respostas positivas ao que buscávamos. E isso sob temperatura de caldeira, que fazia o piloteiro proteger completamente a cabeça para não sofrer queimaduras posteriores.

m) Tucunarés imensos: tudo para baixo d'água

Arremessar, recolher, arremessar, recolher... Os movimentos contínuos chegaram a cansar os braços, os punhos e as mãos. Mas, de repente, como sempre acontece em São Simão, o bote do tucunaré azul leva tudo para baixo, com uma energia feroz, abrindo a batalha e fazendo correr adrenalina nas veias do pescador.

Em verdade, os azulões de São Simão (pelo menos os que eu vi baterem) são bichos muito grandes, acima dos três quilos e com uma bocarra de botar medo até nas iscas artificiais! A esse respeito, eles respondem muito melhor às iscas de meia-água, de cor prateada. Nos lugares mais fechados pela vegetação lacustre, os enroscos são mais do que certos e o pescador tem que ter certo nível tolerância para retirar várias vezes as suas iscas das galhadas submersas.

A primeira batida na isca do meu parceiro de barco levou tudo para baixo, num tranco descomunal. A isca artificial e o *snap* desapareceram para sempre. Aguardamos em vão para ver se boiavam. Das oito ações (todas isoladas e nunca em sequência) que tivemos no nosso barco, conseguimos embarcar e fotografar cinco peixes – os outros três, em razão do tamanho e ferocidade, conseguiram abrir os *snaps* ou então deixar as garateias igual a um guarda-chuva aberto ao contrário.

2) Rio Unini, repleto de peixes por todos os lados

Manaus (AM), 2001

Para quem, como eu, que entra numa pescaria para interagir intensa e emocionalmente com a natureza, uma viagem para o meio da Floresta Amazônica é sempre um motivo para a imediata entrada no universo das surpresas agradáveis, isto é, das coisas maravilhosas que inevitavelmente estarão por acontecer.

Henry Wotton, também professor como eu, só que dos tempos bem antigos (século XVII), já afirmava que a pesca "descansa a mente, alimenta o espírito, combate a tristeza, acalma os maus pensamentos, modera as paixões e indica os caminhos da alegria". Para mim, a pesca esportiva é tudo isso, somando o fato de que, se realizada com um grupo de bons parceiros, ela também nos revigora a paz e restabelece as lembranças sadias.

O rio Unini, afluente do Negro, era pintado em minha mente com ares de mistério. Não porque fossem águas totalmente desconhecidas, mas porque toda a Amazônia brasileira tem esse dom – ou poder – de fazer que nós, sulistas, antecipadamente fabriquemos fantasias o tempo todo na nossa mente. Fantasias que misturam as lendas e os mitos encarnados na intrincada floresta ou no fundo dos fabulosos rios que entrecortam toda a região. Pescar na bacia Amazônica é sempre sinônimo de grandes emoções e recordações.

a) Pulo para dentro do cenário

Chega a um determinado momento na nossa vida em que "qualidade" é fundamental. Depois dos 50 anos (como eu, agora em 2001, com 53 anos de idade), a gente deseja ótima qualidade na infraestrutura e no atendimento que nos é dado pela pousada. Caso os peixes não apareçam para as brigas, essa parte pode amenizar uma ou outra frustração.

No caso do ECOTUR LODGE UNINI, a estrutura e o atendimento atingem as raias da perfeição. Tudo funcionou nos trinques e nos "drinques", sem que houvesse quaisquer senões no que se refere à parte de hotelaria – tudo limpo e asseado, tudo bem organizado, como realmente deve ser o turismo na esfera da pesca esportiva.

E tem mais: o hotel está atracado em meio a um verdadeiro oceano de rios e lagos. De certa forma, é praticamente impossível, numa única temporada, conhecer todos os pontos de pesca ali existentes. Como existem várias cachoeiras a jusante do hotel, é impossível encontrar embarcações de pescadores profissionais na região – isso é mais uma garantia de fartura de peixes de grande porte.

b) Rio um pouco cheio, mas localizamos os peixões

Amigos que tinham viajado para esse local do Unini (ou um pouco mais abaixo) me relataram que as iscas artificiais tinham que ser grandes, preferencialmente de hélice de superfície para estimular os agressivos ataques dos imensos tucunarés da região.

Eu já tinha adquirido, tempos atrás, aquelas "salsichonas", com hélices por todos os lados. E foi excelente a oportunidade, pois pude tirá-las da embalagem para enfrentar os açus que atingem tamanhos desproporcionais nas águas do Unini.

Achando grande demais as iscas recomendadas pelos amigos, comecei pescando com uma torpedinho bem menor. E confesso que na segunda riscada que ela deu na água, foi um tremendo bafafá – um bafafá tão rápido e tão violento que até hoje fico me perguntando que destino aquela isca levou.

Aprendi muito rápido a lição: melhor prevenir do que remediar. Nesse caso, além de um empate de aço na ponta da linha, redobrei o tamanho dos *snaps* e só pesquei com artificiais acima de 15 centímetros. Muitas delas, coitadas, estão todas picotadas pelas bocadas ferozes dos tucunões.

c) Tucunarés próximos a panelas

As melhores ações e brigas aconteceram nas partes rasas dos rios que desembocam no Unini, principalmente no rio Preto da Eva. A água desse rio é da cor ocre enferrujado, tal qual um vinho espanhol envelhecido. A transparência da água permite ver os ninhos (panelas) dos tucunarés e, muitas vezes, conseguimos ver os próprios tucunarés na guarda atenciosa da sua ninhada.

O chiado das hélices na superfície da água fazia que os açus fossem levados ao máximo de ferocidade dos ataques. O instinto de defesa dos ninhos punha mais tempero nos ataques e por vezes fazia o peixe borbulhar à sua veloz trajetória na água a fim de brigar com as iscas intrusas.

Com as águas ainda um pouco altas, os ataques não foram contínuos nem constantes. Todos nós da caravana tivemos que procurar o peixe e fazer muitos arremessos para produzir as boas brigas. Vale ressaltar que, quando o peixe aparecia e atacava, era de esperar, sempre, um marruá acima de cinco ou seis quilos.

d) Pirararas e outros peixes

Na primeira pescaria de peixe liso, eu nem tive a chance de ver a cara do bicho. Eu até que estava bem abastecido: uma carretilha PENN com 300 metros de linha 70 milímetros para peixe nenhum me botar de molho. Mas novamente fui pego de calças curtas: o peixe fez que vinha e... não veio. Arremeteu na direção oposta, tomando linha e me forçando a colocar os dois calcanhares na borda do barco para não ir junto para dentro da água.

O fato é que nem fricção regulada nem manejo experiente foram suficientes para fazer o bicho se entregar. Ele tomou uns 100 metros de linha e deve ter astutamente dado a volta num pau submerso para não perder a batalha com esse pescador que, naquela hora, estava suando feito bica, com dores nas munhecas e com descargas de adrenalina para o ano inteiro.

e) Pitiú e fumo na linha

Há mais coisas em pescarias do que pode explicar a nossa vã filosofia. Veja só a sabedoria dos ribeirinhos a favor dos turistas.

Para atrair os peixes lisos ou de couro (piraíba, filhote, pirarara, jaú ou cachara), o guia, quando poitávamos, fazia um pitiú, ou seja, viscerava um peixe pequeno ao lado da popa, limpando-o dentro da água para esparramar o cheiro. Depois, amarrava o peixe dentro da água, a meio metro da superfície, para exercer uma maior atração.

A primeira pirarara (uns 30 quilos) com que briguei não queria se entregar de forma nenhuma. Soltamos o barco, mas a danada empacou no meio do rio Preto e não se mexia nem se entregava de jeito nenhum.

O piloto tirou um cigarro do maço, tirou um papelete, encheu a mão direita de fumo e passou-o na linha da pirarara. Em não mais que dez minutos ela aflorou, zonza e dócil como quê. Vá explicar!

Nenhum ponto negou peixe de couro, principalmente pirararas acima de 20 quilos. Brigadeiras, fazendo aquelas cavalarias de corrida de turfe, a perder de vista, e se entregando apenas quando as suas forças tinham acabado.

Ainda apareceram, por ordem de puxadas: trairão, jacundá (sabonete) e um imenso cará-papagaio. Falando nisso, fisguei um cará imenso, que jamais tinha visto tamanho igual – era de um colorido belíssimo, semelhante ao de um arco-íris, com destaque ao amarelo brilhante. A soltura para sua liberdade, feita com especial carinho, fez justiça à sua beleza.

f) Mais uma gaveta na memória

Nós, pescadores esportivos, somos seres privilegiados. Isso porque cada pescaria serve para inserir uma nova gaveta no grande armário da nossa "memória". É interessante que as histórias, igual às gavetas, não se misturam, sendo abertas em momentos especiais, quando temos que narrar o enredo e produzir algum tipo de argumento.

Posso dizer que essa pescaria no rio Unini serviu para a construção de uma gaveta cheia de ricos conteúdos. Para compor esse relato, retirei e destaquei um pouco desses conteúdos porque foram aqueles que a memória conseguiu produzir.

Creio que todos os pescadores sabem que existe muito mais do que é lembrado e relatado nas nossas aventuras de pesca: de repente, seja em sonho ou bate-papo, os outros conteúdos, meio adormecidos, afloram à mente e reforçam a nossa condição de personagem central das aventuras.

3) *Os açus monstros do Itapará*

Estado de Roraima, 2001

Chega a uma hora na vida do pescador em que ele busca primordialmente a qualidade. Creio que essa minha hora – a hora da qualidade –, nestes meus 54 anos bem vividos, chegou para ficar em termos definitivos. Não é qualquer pesqueiro que me satisfaz, não é qualquer infraestrutura que me serve, não é qualquer comida que me enche a barriga e nem qualquer peixe que estimula minha adrenalina. E isso não é nenhuma frescura, mas um refinamento do gosto pela vida ao ar livre e pelo esporte da pesca.

Nessa fase da vida do pescador, a necessidade de excelência faz que ele selecione mais rigorosamente onde e com quem vai pescar, nem que isso lhe custe uns cobres a mais ou então uma viagem mais longa, porém dentro de determinados parâmetros de conforto, sossego e certeza de boas lutas com peixes esportivos.

Foi com base nesse momento de minha vida de pescador que comecei a namorar o rio Itapará, situado a 15 quilômetros acima do Equador, encravado no meio da Floresta Amazônica, ao sul do estado de Roraima.

a) A viagem, o grupo e a pousada

De Campinas para Manaus. De Manaus, num avião Bandeirantes, até a pista que fica ao lado da pousada: o Itapará Sport Fishing Lodge, gerenciado por Milton Cardille. Um voo calmo, comandado por um piloto experiente e digno de toda confiança.

Quando o avião desliga os motores e abre a porta de saída, lá estão todos os guias, uniformizados e sorridentes, esperando para as boas-vindas e já se colocando à disposição para fazer o transporte das malas, para responder a perguntas sobre os jeitos de pescar e outras indagações que temos no início de qualquer pescaria.

Depois, é entrar no recinto do hotel e verificar maravilhas como: saborosas refeições a qualquer hora do dia, apartamentos – superlimpos e aconchegantes – com ar-condicionado, roupa lavada e toalhas trocadas todos os dias. Banheiro com água quente etc. e tal. A pousada é uma construção de tábua, coberta com sapé, à margem do rio Itapará. Ao abrir a porta do seu apartamento de manhã, o pescador, da varanda, se depara com o colorido verde-claro do rio – uma cena pregada na memória pelo resto da vida. Impossível esquecê-la!

O grupo tinha o tamanho ideal: cinco pescadores. Reunidos pela primeira vez, logo se viu que a aproximação, a amizade e o carinho nasceriam rapidamente. Isso aconteceu de fato, permitindo, inclusive, o surgimento de um esquema de integração via rodízio de parceiros nos barcos nos vários dias da pescaria. Sem dúvida que o caráter e o jeito de ser dessa caravana fizeram muito da beleza e da nossa felicidade no rio Itapará.

b) Primeiras surpresas: somente os pequenos nas linhas

Ao iniciar o ritual da pesca do tucunaré, testando as iscas artificiais de vários tipos até encontrar as preferidas ou pegadeiras, pensei que daquelas águas sairiam apenas os pequenos borboletas e pacas que atacavam no entorno das ressacas (baías). Como nenhum tucunaré grande atacava, ficava a sensação de que meus colegas e eu teríamos que nos contentar com peixes de pequeno porte.

Mais ao fundo das baías, repletas de uma árvore chamada "molongó", quando as águas se tornam mais rasas, os ataques de vorazes traíras eram uma constante. De vez em quando, surgia um jacundá para alegrar as batalhas, mas os bocudos de maior peso não se deixavam atrair por nenhuma das nossas atraentes iscas artificiais.

Até que o piloteiro entrou em cena e perguntou se eu não queria "pescar com garrafa". Sinceramente, cheguei até a pensar que fosse brincadeira do Raimundo (o guia daquele dia), tentando me fazer de trouxa ou reavivando o velho pagode da boquinha da garrafa. Porém logo percebi que não era brincadeira, não: a pescaria com garrafa era o jeito de buscar os grandes açus daquela região.

c) Técnica da pesca com garrafa

Esse é um dos jeitos de pescar seletivamente no Itapará, com *feedback* garantido pelos tucunarés acima de sete quilos.

Na ponta da linha (eu usei uma de 60 milímetros para não perder as fisgadas), com um empate de 20 centímetros, coloca-se um anzol redondo ou uma garateia grande. Na linha, a uns dois metros da ponta, fixa-se um elástico igual a esses que se usa em escritórios.

No anzol redondo prende-se, pelas costas, uma piranha-marrom, arari, cará ou aracu (pequenos peixes da região). E no elástico prende-se uma garrafa vazia (de plástico) de água mineral – essa operação deve permitir que a linha se solte imediatamente da garrafa, logo após o ataque do tucunaré.

Recomenda-se que o pescador espere um pouco antes de dar a fisgada de modo que o tucunaré possa engolir totalmente a isca viva. Segue-se a luta – uma das mais lindas mesmo porque, tão logo se vê fisgado, o predador salta para fora da água ou então ruma para as pauleiras a fim de se safar do anzol.

Não há tédio porque existem muitos peixes grandes na região. Vantagens dessa pescaria: alimento certo para a barriga do peixe, menor risco de agressões ao peixe (principalmente pelo uso do anzol redondo) e certeza de que o peixe grande predador vai se apresentar para a gostosa refeição.

d) Açus por todos os lados – um troféu de 21 libras

Confesso que, num primeiro momento, recusei a técnica local e até esperei que meu companheiro de barco a experimentasse primeiro. Além disso, quando o guia Raimundo viu minha vara de marca "Compre" com uma linha 40 milímetros, ele riu de lado e disse: "Olha aqui, seu Ezequiel, com esse instrumentinho aí o senhor não vai ver a cara dos tucunarés daqui não!".

De fato, quando vi o tamanho do primeiro bruto que foi pego, percebi a veracidade da afirmação do piloteiro. Era um baita marruá de papo vermelho, pesando mais de oito quilos. Brigador, saltador, cabeceador e outros "ores" que podem qualificar um verdadeiro peixe esportivo.

Não tenho vergonha de dizer que emprestei a vara do meu amigo de barco, mais bem aparelhada, para pescar aquele que foi o maior tucunaré da pescaria: um açu de 21 libras, que quase quebra a minha munheca com a pancada que deu na linha e com o salto olímpico que deu no meio da lagoa, confirmando que a isca viva era sua preferida e que talvez já soubesse dos engodos que são próprios das iscas artificiais.

Também não tenho nenhum prurido pessoal em confessar que, para brigar com os peixes do Itapará na moda da garrafa, eu usei uma vara que eu havia levado para pescar peixe liso e uma carretilha PENN carregada com linha 60 milímetros. Vários tentaram pescar com equipamentos mais leves e simplesmente levaram na cabeça pela brutalidade e força dos monstros que nadam por debaixo daquelas águas.

e) Quero voltar, quero mais!

Tentei pegar alguns bagrões, mas não fui feliz. Nem mesmo a pesca noturna garantiu o aparecimento de piraíbas, pirararas e coisas do tipo. Além disso, a navegação nos estreitos, necessária para atingir os poços mais fundos, é bastante exigente e perigosa, diminuindo um pouco a vontade de busca desses peixes.

Mas os imensos tucunarés valeram a pena – foi uma festa e tanto. Peixe no rio, fisgada certa, serviço perfeito de pilotagem e uma infraestrutura turística do mais alto grau de excelência. Tudo isso gruda na memória e faz a gente sonhar; mais do que isso, faz a gente querer retornar ao local no intuito de ver os peixes mais crescidos e, talvez, ansiosos para rever os amigos que com eles brigaram e devolveram sua liberdade.

5) Nas águas de Havana – pesca de La Rapala

Havana (Cuba), 2001

Professor e pescador, sem que um possa ofuscar o outro, costumo aproveitar minhas viagens acadêmicas (no Brasil ou no exterior) para aquilo que chamo de "fuga para as águas". Sim, cumpridas as responsabilidades de conferencista, o negócio é ver se há peixes na redondeza; se possível, peixes esportivos e brigadores para equilibrar as descargas de adrenalina e para fazer bater forte o coração da gente. Afinal, pescaria é um fenômeno que envolve razão e emoção: raciocinamos tecnicamente para pegar os peixes no sentido de fazer vibrar as emoções mais fortes que Deus nos deu.

Pescar "lá fora", num país estrangeiro é sempre um estímulo à surpresa porque são grandes as possibilidades de fauna aquática diferenciada, novos jeitos de pescar e, o mais importante, aprender algumas novas técnicas com amigos que sempre surgem no momento da pescaria. A visita a um país socialista – o único das Américas – aumentava a minha curiosidade e a minha sede de partir logo para as águas que circundam uma das mais famosas ilhas do mundo.

a) Primeiros contatos para um pacote de pesca

"Vai lá saber como são esses negócios de pescaria em Cuba!" Com os recursos permitidos pela Internet, entrei em contato com a agência da Viajes

América, que me forneceu um superserviço de orientações. Quando mostrei a eles meu site Pescarte e o mundo de coisas que existe dentro dele, os funcionários daquela agência ficaram mais felizes ainda.

Encomendei o tipo de pacote que eu queria fazer e tive que me contentar com uma pesca de mar porque as pescarias em água doce, conforme me disseram, ainda estavam por ser estruturadas no país, a partir de um esforço de promoção do turismo em várias regiões do interior da ilha. Segundo me relataram, a pesca da truta e a da tilápia poderão ser as grandes atrações em médio prazo.

b) A viagem, a entrada em Cuba e o anseio pelo dia da pescaria

A entrada no país foi bem mais descomplicada do que eu pensara. Isso porque eu levava comigo uma curiosidade de mais de trinta anos para saber como é a vida num país alternativo, sem propriedade privada e regida por um outro regime de produção. Disseram-me que, com os novos incentivos ao turismo, a entrada e a saída de estrangeiros são feitas de maneira ágil e objetiva (o difícil mesmo é a saída dos cubanos da ilha – aqui a porca torce o rabo e as normas são extremamente rígidas).

Hospedei-me no Hotel Habana Libre – uma das coisas mais lindas que já vi na minha vida. Dentro do recinto, numa das paredes, existem painéis sobre a história da Revolução Cubana. Todos os serviços são religiosamente cobrados em dólar – imagine que, para usar um computador por meia hora, eu tinha que deixar de 5 a 10 dólares nas mãos da recepcionista do hotel.

Preferi fazer minhas refeições fora do hotel porque os preços dos pratos eram realmente pesados. Com a luta pela sobrevivência, existem restaurantes caseiros por todos os lados e com comida muito boa para quem não tem uma barriga muito exigente como a minha. Para quem gosta de frango, Cuba é realmente um prato cheio.

A semana voou, minha ansiedade foi às alturas, querendo saber se tinha peixes na redondeza. Nas minhas caminhadas matinais pela orla marítima, vi muita gente pescando com linhada de mão ou com equipamentos muito antigos (vara e carretilha) – de vez em quando, saía um peixe ou outro, mas sempre de pequeno porte.

c) O sábado de pescaria

Como o barco de pesca custava 100 dólares para puxar o corrico de iscas, resolvi dividir a despesa com mais três brasileiros que, embora não soubessem pescar, queriam ver a paisagem da cidade a partir das águas do mar.

Para entrar no barco (um lindo iate norte-americano dos anos 1960), tivemos que assinar uma papelada para a guarda-costeira. Eu me diverti muito, informando o policial fardado que eu não tinha saído do Brasil para entrar em Cuba e sair em fuga para os Estados Unidos – o sujeito riu muito dessa minha piada. Mas o fato é que todos os cuidados são tomados com os transportes marítimos de modo que nenhum caso do tipo "Elian" venha a ocorrer de novo.

Além do comandante, veio conosco um ajudante para preparar as varas e soltar as duas iscas rapalas no mar. Rodamos por cerca de duas horas e não pegamos absolutamente nada – nem sequer um puxão para alegrar a festa. Nossos amigos cubanos até que se propuseram a entrar mar adentro, porém uma colega não estava lá muito bem do estômago com o balanço das ondas. Por isso, achei melhor retornar sapateiro mesmo, mas com a aventura na cabeça para dividir com os leitores deste livro.

Venho defendendo há muito tempo que a tolerância deve ser uma virtude de todo pescador esportivo. Isso porque nem sempre "o mar está para peixe". Os dois cubanos que nos acompanhavam, vendo eu todo paramentado com roupa de pescador e doidinho para ver a cara de um peixe local, fizeram de tudo para que houvesse alguma batida, mas foi em vão: os peixes não quiseram posar para fotografias naquele dia.

d) Há muito ainda por ver

Contou-me o ajudante que existem bons pontos de pesca em Cuba, mas que a pesca de corrico nas proximidades da costa dificilmente é bem-sucedida. Em que pese a limpidez da água nas adjacências das marinas, o pescador tem que prosseguir para o alto-mar, onde nadam os grandes peixes (marlins, *sail fish*, barracudas, entre outros).

Fiquei ainda sabendo que existem boas baías para a pesca de arremesso: o pescador molha um pouco as pernas ao entrar nos lagos salgados mais isolados e mais distantes dos grandes centros, entretanto com melhores chances de pescarias mais produtivas.

Em termos de povo, os cubanos são muito parecidos com os brasileiros. A música lhes corre nas veias e, apesar de uma situação econômica muito difícil, eles sorriem o tempo todo e jamais se negam a prestar informações. Os cenários são belíssimos e o turismo não é uma exorbitância.

Capítulo 6

Desventuras de um Professsor–Pescador (Arremedo de Folhetim)

1. Pescaria = Aula Planejada. E como!

Chato de galocha ou *cricri* é pouco para caracterizar o professor José da Catulé... Isso porque ele tem uma fixação, ou melhor, uma verdadeira tara pela organização das coisas. Em realidade, é um tipo tintim por tintim, que somente caminha sobre os trilhos dos mínimos detalhes, das normas instituídas, dos pormenores elevados à última potência. Gosta de colocar os devidos pingos nos "i"s em todas as fases de um curso, de uma aula e, portanto, de pescaria.

Todos os dias, faça sol ou chuva, professor Catulé acorda às cinco horas da manhã para fazer a revisão completa dos seus equipamentos de pesca. Por duas longas e seguidas horas, antes do café-da-manhã, lustra com caol todas as suas varas, engraxa carretilha por carretilha, reclassifica as iscas artificiais, testa o corte das garateias, rearranja ordenadamente a tralha dentro da caixa, renova o talco para os anzóis não enferrujarem e assim por diante. Um ritual milimétrico e homeopático, tal qual as suas rígidas posturas docentes nas escolas onde trabalha.

Outro dia, a empregada da casa entrou no impecável quartinho de equipamentos de pesca e trocou duas varas de lugar. Foi um Deus nos acuda, quase um ato imediato de demissão incondicional dessa coitada porque o professor Catulé detesta livros misturados, alunos fora das carteiras ou apetrechos fora de ordem. Ou seja: ele odeia qualquer mentalidade que não seja metódica e cartesiana como a dele.

A última que contaram foi demais! Convidado, numa certa tarde, para pescar com um grupo de amigos nas proximidades da sua cidade, o professor Catulé foi logo dizendo:

— Preciso de no mínimo dois meses para preparar as minhas coisas. O esquecimento de um só detalhe é o fim, é o decreto de morte de qualquer pescador. Ou de qualquer professor, diga-se. Se vocês quiserem minha agradabilíssima companhia, vão esperar esse *tempinho*. Tudo bem?

2. Parada obrigatória

Aquela viagem de pesca tinha saído exatamente do jeito que professor José da Catulé gosta: quatro longos – e redondos – anos dedicados ao planejamento prévio. Os mínimos detalhes garantidos por meio de um completo *checklist*, cujos itens eram repetidamente repassados em reuniões quinzenais obrigatórias. Havia até um amigo de caravana que já não mais aguentava os telefonemas diários do Catulé para verificar a lista dos equipamentos e das roupas e das vacinas, se havia mosquitos, animais peçonhentos, raios e trovões e coisas assim.

A partida para a pescaria foi atrasada em três horas e meia porque o Catulé quis saber se os pneus estavam calibrados corretamente, se o óleo do motor estava no nível certo, se os faróis – alto e baixo – estavam funcionando de verdade, se o estepe não estava careca, se as ferramentas estavam todas dentro da caixa, se o pisca-alerta piscava mesmo etc. etc. etc.

Reclamou pra burro com o dono da caminhonete porque o vidro de mertiolato do estojo de primeiros socorros estava apenas na marca dos 3/4 – um descuido imperdoável! Onde já se viu? E se porventura houvesse alguma emergência no caminho?

De qualquer maneira e a muito custo, a caravana de pescadores conseguiu finalmente entrar na estrada e rumar em direção ao Mato Grosso do Sul. A viagem não foi das melhores porque o professor Catulé levou consigo o novo Código Nacional de Trânsito como leitura de bordo e não parava de ler em voz alta as normas e o valor das pesadas multas em caso de transgressão. Ponteiro nos cem por hora foi impossível de atingir em decorrência dos sermões, reclamações e gritos do Catulé.

Um pouco depois de Campo Grande, quando o assunto na cabine da caminhonete virou para o lado das iscas artificiais, Catulé se lembrou do seu "sapinho" – uma isca artificial infalível aos douradões do rio Miranda. Será que ele tinha realmente colocado o danado do sapinho dentro da sua caixa de iscas? Ou teria ele esquecido de trazer essa famosa pegadeira? Tinha ou não tinha? E se não tivesse? Ah, essa dúvida foi sendo martelada, foi sendo martelada, até que...

O professor Catulé fez o motorista parar a caminhonete debaixo de uma chuva danada. Um aguaçal tipo dilúvio. Fez todo mundo descer da caminhonete. Fez todo mundo desmanchar a carga para que ele encontrasse a sua caixa e verificasse se o bendito sapinho tinha vindo ou não.

Para o seu contentamento, o sapinho, como sempre, estava bem do lado do compartimento das iscas de superfície.

Assim, entre mortos e feridos, a chegada ao ponto de pesca no rio Miranda sofreu um "pequeno" atraso de sete horas e meia...

Desnecessário dizer que os amigos de caravana já começavam a perceber os desastres dessa famigerada aventura. E devia ser um saco ser aluno do professor José da Catulé!

3. Barraca psicodélica

E finalmente chegaram à barranca do rio Miranda... E começaram a descarregar a caminhonete para a montagem do acampamento... E José da Catulé, o professor-pescador certinho, iria surpreender novamente...

O primeiro problema foi "onde" ele iria armar a barraca. Parecia um engenheiro esquadrinhando todo o terreno para encontrar o lugar mais adequado. Sem desníveis, sombreado, longe dos possíveis e inesperados perigos das matas adjacentes. Formigas, rãs, aranhas e cobras, nem pensar – pescador que se preza é que nem professor, ou seja, sempre precavido, com tudo muito bem planejado.

Melhor prevenir do que remediar. Sempre, eternamente sempre assim!

Nesse ritual de "aqui está bom, aqui não está", o professor Catulé levou umas quatro horas. Isso sem falar do envolvimento de três colegas pescadores para duas tarefas musculares segurando pás: nivelar o terreno para ficar bem plano e, segundo, cavoucar o entorno da barraca de modo que o professor Catulé pudesse despejar o saco de veneno que ele havia trazido num saquinho especial para essa finalidade. E olha que a terra daquela barranca pantaneira era dura como o quê!

Mas o pior, o mais espantoso, ainda estava por vir...

De dentro da sua caixa de madeira, na forma de baú e extremamente bem conservada, Catulé tirou um pacote de náilon finíssimo para armar a sua barraca. Última palavra da tecnologia alemã em acampamentos de pesca. Foi desdobrando, foi desdobrando até formar, no meio do quadrilátero com as famigeradas covas com veneno, uma estrutura metálica com cinco divisões para cinco compartimentos. Perguntaram-lhe os amigos:

– Mas, professor, uma barraca com cinco compartimentos aqui na beira do rio? É só para o senhor?

– Pescador tem que ser organizado e ter conforto na beira do rio! (Esta a resposta secamente obtida.)

Estacas para cá, estacas para lá e o professor Catulé foi levantando aquilo que poderia ser chamado de "mansão catuleniana". Parecia uma casa pré-fabricada: sala, copa, cozinha, quarto e banheiro. Tudo arrumadinho, inclusive com mobiliário que ele ia armando e colocando nos seus devidos lugares, de acordo com um croqui trazido de casa dentro de um saquinho plástico. Desnecessário dizer que essa parafernália toda demorou um dia e meio para ser armada. Pescar? Só depois de plenamente garantida a base operacional para os merecidos pernoites!

E, para passar a noite, Catulé trouxera lâmpadas para iluminar todos os compartimentos da sua linda mansão pesqueira. A energia era tocada com um microgerador – último tipo, é lógico, importado do Japão.

De longe, na escuridão da noite pantaneira, a barraca parecia uma árvore de Natal. E os seus colegas de pescaria ficavam pré-imaginando qual o tamanho do dia do regresso e o maldito tempo que levaria para desarmar e encaixotar toda aquela parafernália psicodélica!

Professor e pescador que se prezam têm que ter bons equipamentos para dar conta do seu recado; do contrário é fracasso na certa.

4. Fora do horário, não!

Horário é horário – professor Catulé conta as horas, os minutos, os segundos e todos os outros quebradinhos subsequentes do mostrador do seu relógio. Hora para sair e retornar da pescaria tem que ser respeitada, senão é aquele pampeiro dos diabos e tudo pode acabar em esculacho.

E agora, ali na beira do Miranda, ali estava ele, de vara em punho, nervosamente esperando por um retardatário (exatamente aquele colega que tinha cavoucado o chão para que ele colocasse o veneno contra cobras e lagartos).

– Assim não dá! Pescaria tem que ter horário exato para sair e para chegar.

A saída do barco tinha sido marcada para as seis e meia da matina. Catulé tinha despertado duas horas antes – seu despertador eletrônico, último modelo japonês, com música de ópera italiana, tinha tocado às quatro e meia *sharp*, sem mais nem menos, cronometradíssimo. E ele, dentro dessas duas gordas horas, já tinha realizado um detalhado conjunto de ações: repasse e regulagem das carretilhas e molinetes, arrumação das bebidas dentro do isopor, seleção de iscas (naturais e artificiais) para vários tipos de situações, medida da pressão atmosférica, da temperatura da água, da força dos ventos, verificação do tanque de combustível, partida no motor de popa para esquentar um pouco e ir amaciando. Até mesmo um rolo de papel higiênico tinha sido colocado num compartimento da proa da embarcação, pois dor de barriga não vê hora nem lugar.

Para Catulé, cada minuto de espera na beira daquele barranco ia se transformando numa tremenda agonia, num projeto de neurose, numa pesada dor de cabeça. Como? Onde já se viu? Será que o cara não sabe que pescaria tem horário? O rosto de Catulé dava sinais de raiva e ódio a uma só vez mesmo porque o intestino dele estava habituado a funcionar às 9h31 em ponto, religiosamente. E ele precisaria voltar ao acampamento para usar o seu penico de campanha, cinza com estampas vermelhas, sem o que nada sairia pelo ralo debaixo. E veja: quase uma hora de atraso, sujeito muito engraçadinho – certamente um marinheiro de primeira viagem, que nunca sabe as regras dos pescadores. Muito provavelmente um tontinho de marca maior!

Finalmente, às oito horas em ponto, zarparam em direção ao poção dos jaús. Vale dizer que a pesca do jaú, segundo dizem, é a especialidade do professor Catulé – ele estudou os hábitos desse peixe a vida inteira, sabendo de cor os melhores equipamentos e as melhores iscas a usar. Mas foi uma barra colocar o barco na posição desejada pelo famigerado professor: o piloteiro não conseguia acertar o ponto exato para jogar a poita; o movimento de sobe e desce (barco e poita) demorou bem mais de uma hora. E depois o Catulé ainda ficou botando reparo na vara trazida pelo seu colega (aquele maldito retardatário que havia atrasado a saída da pescaria).

Para encurtar esta história de tique-taque que vai muito longe, ninguém conseguiu nem sequer jogar a linha na água nesse dia. Quer dizer: não houve pescaria coisa nenhuma. O professor Catulé, contrariado desde as primeiras horas da madrugada e completamente dominado pelos horários dos seus famosos intestinos, não parou em lugar nenhum. Foi um dia de muita briga e discussão, de cumprimento de horários de ir e vir, de questionamento sobre os melhores jeitos de pescar e assim por diante.

De noite, roncando dentro da sua barraca psicodélica, o professor Catulé sonhava com as fortes puxadas de um imenso jaú imaginário... um sonho lindo que, logo depois da meia-noite, se transformaria no seguinte pesadelo: ele havia fisgado o jaú, porém, ao mesmo tempo, ele havia se "atrasado" para embarcar o peixe... *bye-bye*, o bagrão já estava muito longe, desaparecendo rio acima. Credo – será que a doença, ou melhor, o maldito vírus do atraso estava infectado o peixe também?

5. Muito barulho, favor calar!

"Quirerar em cima do barco" é uma expressão muito usada pelo professor Catulé quando ele sai para pescar. E ele a usa quando alguém faz qualquer tipo de barulho durante uma pescaria. Na pescaria como nas aulas deve sempre reinar o silêncio sepulcral...

Perguntado certa vez de onde vinha essa expressão "quirerar", ele explicou com seu costumeiro ar professoral: "Lá na minha cidade onde nasci, no interior paulista, havia um galinheiro no quintal. Para juntar as galinhas, a nossa empregada jogava quirera e fazia uma barulheira danada batendo a colher numa panela cheia de quirera de milho para chamar as galinhas. Só que pescar não é o mesmo que chamar galinhas!".

Uma pescaria embarcada com o professor Catulé é um verdadeiro suplício porque ele não admite barulho de nenhuma espécie. Ele repete na pescaria as mesmas atitudes que assume nas salas de aula. Os amigos pescadores, semelhantemente aos seus alunos, têm que fazer silêncio absoluto. Têm que ficar parados feito múmias. Têm que fazer os movimentos – como os de iscar os anzóis, por exemplo – em máxima câmara lenta. Até com barulhos de garganta, nos goles de água para matar a sede, o Catulé implica e se zanga.

Quando um pescador noviço, que desconhecia os hábitos de pesca do professor Catulé, deu um espirro em cima da sua embarcação, foi um deus nos acuda. Além de ouvir impropérios de todos os tipos, atingindo-lhe três gerações passadas, esse iniciante viu Catulé tirar a linha da água, guardar toda sua tralha e ficar somente olhando para o céu durante o restante da pescaria.

"Mas, professor Catulé, o senhor não vai pescar mais?", perguntou, preocupado, o amigo que tinha espirrado em decorrência de uma abelha que quase tinha lhe entrado pela narina esquerda abaixo. Seguiu-se um silêncio absoluto, sem que nenhuma resposta viesse à tona. O professor Catulé continuava impassível, olhando o céu e o horizonte com ares de total contemplação.

Já para terminar a pescaria e quase na hora de ligar o motor de popa para o retorno ao acampamento, o professor Catulé resolveu mexer um pouco os lábios para dizer o seguinte: "Nas minhas próximas pescarias, só saio para pescar com surdos-mudos ou com gente sem nariz – já me cansei dos quireradores que nunca aprenderam a ficar quietos em cima do barco. Sim, somente assim vou me sentir satisfeito e perceber que todos cumprem a lei do silêncio, de zero decibel, aqui na beira do rio!".

Com o professor Catulé é sempre assim: ou tudo ou nada! Ou oito ou oitenta! Ou aprovado ou reprovado! Ou sabe ou não sabe! Ou branco ou preto! Ou alto ou baixo!

Assim na pescaria, assim na escola, assim em casa, assim na vida!

6. Aqui ninguém bebe cerveja...

Moral é moral. Disciplina é disciplina. Segurança é segurança. Para o professor Catulé, não existe meio-termo: é tudo ou nada, oito ou oitenta, preto ou branco. Cultiva os preceitos morais como ninguém, não sabendo exatamente a diferença entre o que é um defensor crítico da moral e um moralista reacionário. Disciplina, para ele, quer dizer obediência cega a leis e normas. Mas é na área da segurança ou salvatagem que nosso querido professor fica cada vez mais enrijecido, com medo de que qualquer improviso venha a significar desastre iminente. Nessa área, ele é um perfeito radical, sem flexibilidade para absolutamente nada.

O sol estava de arrebentar mamona. A umidade que subia das águas do rio Miranda era enorme. As roupas dos três pescadores (incluindo a do professor Catulé) em cima daquele barco estavam em sopa. Da testa do pessoal caiam ininterruptas gotas de suor, fazendo a sede crescer igual à dos beduínos do Saara.

A garrafas de água mineral tinham acabado; as de refrigerante, também. Apenas as latas de cervejas, mais ao fundo do isopor, tinham sido preservadas e agora boiavam supergeladas no que havia restado do gelo. Voltar ninguém podia porque os peixes estavam puxando e, além disso, não havia jeito de quebrar os horários prefixados pelo professor Catulé – tinham que prosseguir por mais uma hora, bem contada, nem mais nem menos. Quer dizer: somente poderiam regressar quando o despertador de pulso do Zé tocasse a famosa e conhecida musiquinha...

Com mais uma hora debaixo de um sol daqueles, não havia como: o jeito era começar a tomar as latinhas de cerveja sem muita demora. Mas qual o quê! Quando o primeiro pescador, dos três que havia, ameaçou de "colocar álcool na boca", foi um escarcéu dos diabos. O professor Catulé fez um sermão contra todos os bebuns deste planeta, falou dos malefícios das cervejas para o organismo humano e arrematou com uma catilinária contra os pescadores que se arriscavam a tomar bebida alcoólica em cima de embarcações de pesca. A discussão foi longe, mas não adiantou nada...

Os sedentos tiveram que tomar água do próprio rio...

7. Lavando a minhoca

Asseio e limpeza são as virtudes mais queridas do professor Catulé. Sua barraca no acampamento do Miranda é varrida e dedetizada todos os dias, matematicamente, pontualmente, assim que ele se levanta todas as manhãs às quatro e meia em ponto. Sua escova de dentes é sempre esterilizada com álcool, pois ele detesta quaisquer tipos de germes e gosta de manter os dentes sempre brilhantes e a boca, com hálito cheiroso pra mosquito não entrar.

De roupa impecavelmente limpa, barbeado e cheiroso, o professor Catulé sobe no barco para uma nova pescaria. Antes da partida do motor, faz algumas críticas ao piloteiro pelo desleixo: onde já se viu deixar o cabo do remo com sujeira de barro amanhecido e, além disso, esquecer de recolher as folhas caídas no estrado? Elas por elas, vai-que-vai, saíram finalmente à procura dos melhores poços.

Enfim, devidamente poitados, inicia-se o ritual de escolha dos melhores equipamentos para a pesca naquele lindo remanso. Nova discussão: o professor insistia em pescar com as suas artificiais importadas, fazendo pinchos longos com iscas imensas, de pitão na frente para arrastar no fundo. Só que o piloteiro, conhecedor dos segredos do Miranda, dizia que as artificiais, ali, eram pura perda de tempo.

"O jaú daqui gosta é de minhocuçu ou de minhoca-brava, puladeira!" O colega de Catulé não perdeu tempo: recheou bem o anzol e arremessou a linha na direção fornecida pelo piloteiro. Não demorou muito e ferrou um jauzão bem criado, de uns 18 quilos. O embate foi uma verdadeira festa de adrenalina e de fotos por todos os lados. Depois, repetiu a operação e novamente ferrou outro jaú, maior ainda do que o primeiro. Todas essas cenas assistidas por Catulé, que finalmente se rendeu aos conselhos do piloteiro e ao exemplo do amigo de pescaria.

A cena engraçada estava para acontecer... Depois do amigo ter lhe passado a lata de minhocuçus, o professor Catulé tirou uma pinça de dentro de um estojinho da sua caixa de pesca, pinçou o dorso de um baita minhocuçu meio desprevenido, enfiou o bicho na água e começou um minucioso trabalho de limpeza. Não colocou sabão, mas deixou o minhocuçu todo limpinho e brilhante, pronto para ser manipulado e iscado no anzol. Enxugou-o, enxugou-se e começou a operação, sob os olhares estupefatos do seu companheiro e do piloteiro que já começava a rir.

– Está rindo do quê? – perguntou Catulé.

E o piloteiro, coçando a cabeça, disse o seguinte:

– Já vi gente fresca e enjoada por estas bandas, mas juro por Deus que esta é a primeira vez que vejo um maluco lavando a minhoca para ser iscada no anzol!

8. Piloteiro não pesca, navega

Com o professor Catulé trato é trato. Nem mais, nem menos: tudo na exatidão daquilo que foi combinado de boca ou por escrito. Quebrar um acordo, uma norma e/ou uma regra, nem pensar. Exceção não existe no seu dicionário mental. O mundo somente pode caminhar através da legislação, do estatuto e dos regimentos gerais ou específicos. Assim na escola, assim em casa, assim na pescaria.

E desta vez foi um furor lá na beira do Miranda. Três piloteiros tinham sido contratados para servir a caravana dos nove pescadores, incluindo o professor Catulé. Tudo tinha sido combinado conforme a regras do próprio professor, sem mais nem menos, pois era ele quem mais reclamava das coisas soltas, dos acordos pela metade, das irresponsabilidades etc.

Mas não é que um dos piloteiros, o Mané Jejum, vendo que aquela caravana não era de nada, que não pegava peixe de jeito nenhum, resolveu dar uma de sabidão e, antes que pessoal despertasse, arrumou uma linhada de mão e foi tentar a sorte a uns 50 metros acima do local onde ficava o acampamento. Sim, para o piloteiro Jejum, era mais do que necessário pegar alguns peixes para forrar o estômago da turma e dos próprios piloteiros – todos estavam sem comer um bom peixe desde o início da pescaria.

Quando acordou, professor Catulé, que todas as manhãs fazia a "chamada" da lista dos piloteiros, deu a falta do Mané Jejum. Além de ficar com o ponto cortado, o piloteiro levaria uma multa por mau comportamento, burla ao trabalho e quebra de contrato. Certamente uma das suas refeições seria também cortada de modo que a desobediência tivesse um efeito demonstrativo exemplar.

Quando retornou da rápida pescaria que fez, inclusive trazendo uma fieira belíssima de imensos piavuçus, Mané Jejum tentou se justificar de todas as maneiras possíveis. Dos argumentos que usou para se explicar, o melhor mesmo foi aquele que dizia respeito à vontade de pescar: "Mas, olha aqui, professor José da Catulé, nós somos pescadores também e temos tesão de pescaria. A gente fica só olhando vocês pescarem, sem chance de lançar uma linhada...".

Mas o Zé foi implacável: "Piloteiro comigo não pesca jamais, só navega! E, se não estiver contente, pode começar a navegar de volta para a sua casa!".

9. Tem muito espinho

Comer peixe sempre foi um deus me acuda ao professor Catulé. Isso porque a carne tem espinhos e ele carrega um medo danado que algum deles fique enroscado na sua garganta. Trauma de infância: quando lá atrás no tempo foi comer um pedaço de traíra frita, um espinho afiado da costela do peixe entrou-lhe firme e de através da goela. Foi preciso intervenção médica, pois não houve miolo de pão que lhe empurrasse o osso para baixo.

Mas naquele dia, lá na pescaria do rio Miranda, o cozinheiro do acampamento se esqueceu desse detalhe... Só havia peixe. Frito e ensopado. Como aperitivo, iscas de peixe – uns filezinhos apetitosos para acompanhar a cerveja estupidamente gelada e alegrar o jogo de truco, que geralmente antecedia todas as refeições na barranca do rio.

Professor Catulé olhou de esguelha aquelas iscas fritas, pôs o pratinho de lado e começou um longo sermão a respeito dos cuidados que os pescadores deviam ter com os espinhos dos peixes. E os seus companheiros tiveram, desgraçadamente, que ouvir – de novo – aquela longa novela na qual ele tivera que ser levado às pressas ao médico para extrair o espinho de sua goela. Já era a quinta ou sexta vez que essa mesma história era repetida durante a pescaria. Um saco!

Finalmente soou o grito de "Tá pronto!" do cozinheiro, avisando que tudo estava quentinho nas panelas e que a moçada podia se servir à vontade. O professor Catulé estava com muita fome, pois não tinha aperitivado nada. Sua barriga roncava mais que carretilha Paoli. Foi abrindo as panelas para constatar que só havia peixe como mistura, além do tradicional arroz e feijão.

Os amigos só ficaram observando o triste movimento: o professor Catulé fez uma verdadeira montanha de arroz e feijão dentro do seu prato, foi até a prateleira de mantimentos, abriu uma lata de salsichas, virou-a em cima da "montanha", pegou uma colher e foi sentar-se na beira do rio para comer.

Uma cena para rir e chorar, sem dúvida! Quando lhe perguntaram se não ia comer um pouco de peixe, ele exclamou: "De coisa espinhosa já basta a vida de professor neste maldito país!".

10. Antitetânica

Por um azar que ninguém soube explicar a causa nem a origem, o professor José da Catulé foi fisgado por um anzol. A farpa de um anzolão entrara pela carne adentro, bem na altura da sua coxa direita. Quando viu a roda de sangue por cima da bermuda branca e asseada, Catulé deu grito – um tremendo "Aaaaaaaiiiiii!" que ecoou pelo rio afora. E o nosso professor prontamente desmaiou no estrado do barco.

Diante daquela cena drástica, o piloteiro e o colega de barco houveram por bem jogar um pouco de água do Miranda no rosto do desfalecido, mas que nada, não houve jeito de acordá-lo; e ele continuava deitado, sem se mexer, tal qual um defunto semivestido, com um anzol enroscado na perna. O sangue até já tinha parado de jorrar, mas ficou decidido que deveriam encerrar a pescaria naquele momento e navegar de volta ao acampamento para uma solução.

No caminho de regresso, cruzaram com um outro barco, por sorte com um médico a bordo. Contaram a história, mostraram o coitado do Catulé, que continuava desmaiado. Pediram por socorro. E lá se foram os dois barcos rumo ao acampamento para ver se o grupo dava um final feliz ao desastre. Um outro barco encontrado pelo caminho também encerrou a pescaria e os acompanhou, demonstrando um grande espírito de solidariedade.

Chegando ao acampamento, dois grandalhões puseram o professor Catulé nas costas e o conduziram até sua barraca. Com o azarado ainda desfalecido, o médico executou uma rápida cirurgia e extraiu o anzol da sua coxa direita. Depois, fizeram ele cheirar algodão com amoníaco para voltar ao estado normal.

Quando o Catulé acordou de vez, quis saber o que havia acontecido. Depois do relato e com todos os pescadores dando sinais de alegria pelos bons resultados da cirurgia, ele perguntou se haviam lhe aplicado uma injeção antitetânica. Ao responderem que não existia esse tipo de injeção no acampamento e que um antibiótico poderia fazer o mesmo efeito, ele começou a discutir feito um doido, acusando a todos por falta de precaução e de planejamento. E foi uma discussão das mais calorosas, com risco iminente de morte e coisa e tal.

Resultado: tiveram que levar o professor Catulé a um hospital na cidade de Coxim, onde então lhe foi aplicada uma antitetânica.

Com isso e aquilo, dois dias inteiros de pescaria ficaram totalmente perdidos.

11. Revisão do motor

E eis que o motor de popa do professor Catulé começou a tossir, quando do retorno de uma pescaria de pintado lá no rio Miranda. Ah! Maldita hora em que isso aconteceu... Ele imediatamente ordenou que o piloteiro parasse, desligasse o motor, descesse numa ponta de rasura de areia e deixasse que ele próprio verificasse o que estava ocorrendo com sua infalível máquina de propulsão.

O fato é que esse tipo de incidente nunca poderia ocorrer com um equipamento pertencente ao professor José da Catulé. Onde já se viu? Ele o mantinha dentro das especificações ditadas pelo manual do fabricante. Mas como? Nunca, pois, além disso, antes de sair para qualquer pescaria, como esta agora no rio Miranda, longe de casa e da civilização, o motor tinha passado por três longas revisões, daquelas de trocar todas as peças gastas e tudo mais.

Depois de tachar o piloteiro de incompetente e, em baixa voz, xingar até as mais longínquas gerações do pobre coitado, Catulé levantou a rabeta do motor, tirou o capu para examinar se tratava de uma pane interna. Não encontrando o problema numa primeira cheirada, determinou que o barco fosse encostado perto de uma pedra ali por perto.

"Mas, professor Catulé, vamos remar até ao acampamento. Lá a gente pode desmontar esse motor e ver o que está acontecendo. Acho que é apenas algum cisco no carburador..." Mas Catulé recusou terminantemente essa sugestão do seu colega de barco, dizendo: "Não, senhor, motor meu tem que funcionar agorinha. Vou desmontar o bicho aqui mesmo. Me passa aí a caixa de ferramentas que eu vou dar uma bela lição neste bicho!".

O piloteiro e o companheiro se enfiaram por debaixo de uma árvore para aguardar o desmonte das partes. Enquanto isso, debaixo de um sol escaldante, bem em cima daquela pedra achatada, o professor Catulé, recusando qualquer tipo de ajuda, dava uma de mecânico e tentava consertar o defeito.

Quando as peças estavam todas desmontadas, o tempo virou de repente. Começou a ventar e São Pedro anunciou um daqueles temporais tipo "vento-sul" que só o Pantanal conhece. Foi rodopio de vento para todos os lados e o aguaceiro não tardou a cair. O professor Catulé bem que tentou juntar aquelas peças todas com as duas mãos em forma de pá, porém tarde demais: quase todas elas foram jogadas para dentro da água com a força dos ventos e da chuva que, a esta altura, caía torrencialmente.

Salvou-se muito pouco do motor de popa do professor Catulé... Até mesmo o capu do motor foi trazido ao acampamento por uma embarcação de ribeirinhos, que a viram cair na água, voando feito um asteroide, a uns dois quilômetros de onde o nosso "mecânico" tentara consertar o seu "infalível" motor.

Desnecessário dizer que o restante da pescaria foi sensivelmente prejudicada com menos um motor de popa nas águas do rio Miranda.

Manias docentes do professor Catulé...

12. Preparação para dormir

O sono dos homens justos, ajustados, minuciosos, rotinizados e metódicos constitui um ritual dos mais engraçados. Basta descrever como o professor Catulé se apronta para dormir quando viaja para pescar, como nesse acampamento de pescaria em que agora se encontra, com vários companheiros, na barranca do rio Miranda.

Na volta da pescaria, Catulé toma um banho no chuveiro especial que ele arma somente para si. A água vem por uma bomba-d'água cravada dentro do rio e, antes de cair pelos furos do chuveiro, passa por um filtro especial para eliminar todas as impurezas. O local é dos mais limpos, com tapete sobre a terra batida e uma cortina branca com peixinhos decorativos.

Sabe-se lá como, mas Catulé conseguiu um aparelhinho japonês que, aclopado diretamente no painel do motor estacionário, fornece energia suficiente para água quente. Ele detesta banho frio, pois diz que dá resfriado e ativa uma antiga alergia que ele desenvolveu no período de infância. Importante dizer que esse chuveiro não é compartilhado com mais ninguém à medida que pode transmitir doenças de uma pessoa para outra (os amigos que providenciem algo semelhante; chuveiro é que nem livro: não se empresta nunca!).

Sabonete e xampu perfumados, dependurados num daqueles suportes especiais, com ímã antiqueda, fazem parte do "quartinho" de tomar banho do professor Catulé. Uma belezura de fazer inveja a qualquer um! E lá dentro, esfregando-se com uma esponja supermacia e ensaboando-se umas três ou quatro vezes para pegar o cheiro, Catulé chega a cantar de satisfação.

Terminado o banho, Catulé veste um pijama branco, revelador de todo o seu asseio de pescador, e então se enfia num roupão atoalhado com listras verdes e brancas (o danado é palmeirense roxo) e então senta-se à mesa do acampamento para tomar um chá de erva-cidreira, que ativa o sono e potencializa os sonhos positivos durante a noite.

Pescador príncipe e sempre pontual, o professor José da Catulé ouve seu despertador de pulso tocar às oito e meia em ponto. É quando diz boa-noite para todos e adentra o quarto da sua barraca para o merecido ou, melhor, o organizado descanso dos pescadores "certinhos".

Bons sonhos, professor José da Catulé, o senhor merece!

REFERÊNCIAS BIBLIOGRÁFICAS

ANDRADE, Eurico de. "Nós sofre mas nós goza". In: *Causos de Minas*. Rio de Janeiro: Papiro Editora, 1998.

BARROS JUNIOR, Francisco de. *Caçando e pescando por todo o Brasil*. São Paulo: Melhoramentos, [s. d.] (1ª série à 6ª série)

CABALZAR, Aloisio (Org.). *Peixe e gente no alto rio Tiquié*. São Paulo: Instituto Socioambiental, 2005.

CARSON, Rachel L. *O mar que nos cerca*. São Paulo: Companhia Editora Nacional, 2002.

COOK, Beatrice. "A worm's eye view of fishermen". In: BRYKCZYNSKI, Terry; REUTHER, David (Eds.). *The armchair angler*. New York: Galahad Books, 1994.

FERNANDES, Frederico Augusto Garcia. *Entre histórias e tereres: o ouvir da literatura pantaneira*. São Paulo: Editora da Unesp, 2002.

KELBER, Dieter. *Tucunaré: uma paixão internacional*. São Paulo: Arte & Ciência, 1999.

KOLODY, Helena. *Helena Kolody por Helena Kolody*. Rio de Janeiro: Coleção Luz da Cidade, 1997. (Coleção "Poesia Falada", v. 4 – em CD).

MERRIT, J. I.; NICHOLS, Margaret (Eds.). *The best of field and stream*. New York: Fireside, 1995.

MERWIN, John. Well Cast Lines. *The fisherman's quotation book*. New York: Fireside, 1995.

PRADO, Adélia. *Poesia reunida*. São Paulo: Siciliano, 1991.

QUINETT, Paul. *Pavlov's Trout. The incomplet psychology of everyday fishing*. Sandpoint: Keokee Co. Publishing, 1994.

_____. *Darwin's bass. The evolutionary psychology of fishing man*. Sandpoint: Keokee Co. Publishing, 1996.

_____. *Fishing lessons. Insights, fun, and Philosophy from a passionate angler*. Kansas City: Andrews McMeel Publishing, 1998.

REGO, Arakén. *Estórias de pescarias*. Rio de Janeiro: Libra, 2000.

RESTAL, Eric. *The angler's quotation book*. Hong Kong: Bookbuilders Limited, 1993.

SILVA, Ezequiel Theodoro da. *O ato de ler. Fundamentos psicológicos para uma nova pedagogia da leitura*. 5. ed. São Paulo: Cortez/Autores Associados, 1991.

_____. *Elementos de pedagogia da leitura*. 3. ed. São Paulo: Martins Fontes, 1993.

_____. *De olhos abertos*. São Paulo: Ática, 1993.

_____. *Os (des)caminhos da escola: traumatismos educacionais*. 5. ed. São Paulo: Cortez, 1994.

_____. *Professor de 1º grau. Identidade em jogo*. Campinas, SP: Papirus, 1994.

_____. *Criticidade e leitura*. Campinas, SP: Mercado das Letras/ALB, 1998.

_____. *Raiva e revolta em educação*. Campinas, SP: Autores Associados, 1998.

_____. *Histórias extraordinárias de pescarias*. São Paulo: Arte & Ciência, 1999.

_____. *Compromissos e competências do pescador esportivo*. Americana, SP: Arte Escrita, 2000.

_____. *Leitura: trilogia pedagógica*. Campinas, SP: Autores Associados, 2003.

_____. (Coord.). *A leitura nos oceanos da Internet*. São Paulo: Cortez, 2003.

PESCARTE. *Revista Virtual Pescarte*, 69 números publicados. Disponível em <http://www.pescarte.com.br>. Acesso em: jun. 2006.

TIMOFEEVICH, Sergei. *Notes on fishing*. Traduction, introduction and notes by Thomas P. Hodge. Illinois: Northwestern University Press, 1997.

UNDERWOOD, Lamar (Ed.). *The greatest fishing stories ever told*. New York: The Lyons Press, 2000.

VERÍSSIMO, José. *A pesca na Amazônia*. Rio de Janeiro: Livraria Clássica de Alves & C., 1895.

BIOGRAFIA

EZEQUIEL THEODORO DA SILVA atua como professor-colaborador-voluntário na Faculdade de Educação da Unicamp. Entre as funções mais importantes por ele exercidas, colocam-se as de secretário municipal de Cultura, Esporte e Turismo de Campinas, secretário municipal de Educação de Campinas, diretor-executivo da Editora da Unicamp, coordenador da Biblioteca "Joel Martins" e presidente da Associação de Leitura do Brasil (ALB) por várias gestões. Produziu mais de trinta livros e centenas de artigos que tematizam, fundamentalmente, as práticas de leitura no território brasileiro. Atualmente faz parte do Grupo de Pesquisa Alfabetização, Leitura e Escrita (ALLE), da Faculdade de Educação da Unicamp. Também produziu os sites da ALB <http://www.alb.com.br/> e do Pescarte <http://www.pescarte.com.br/>, fazendo a sua manutenção e atualização na internet.

Impresso por :

gráfica e editora

Tel.:11 2769-9056